알프레드 델프 외 지음 | 김용해 옮김

알프레드 델프 S.J.

1907년 9월 15일 탄생
1945년 2월 2일 교수형

마지막 편지 모음
친구들의 글
9장의 사진

제 2 판

Morus-Verlag
베를린 1955

목 차

역자 서문 ·· 6

발간에 부치는 글 ·· 10

2판에 부친 서문 ··· 13

이 땅 위에 드러나신 하느님 위해 헌신하며 ········· 15

"선하신 하느님 그리고 그분의 아름다운 세상" ····· 33

비밀경찰의 폭력 속에서 ································ 45
- 지하에서 오는 도움들 ····························· 56
- 매를 두들겨 맞고 ·································· 63
- 모든 길에 하느님의 힘이 함께 한다 ··········· 70
- 투쟁 동지에 대한 추모 ···························· 75
- 희생은 희망을 강하게 만든다 ··················· 76
- 백척간두에서 ······································· 80
- 감옥 건물이 폭격 당하다 ························· 84
- 최종서원 - Vincula amoris(사랑의 사슬) ··· 89
- 재판을 기다리며 ··································· 95
- 성탄과 연말연시 ··································· 99

프라이슬러 앞에 선 예수회 신부 델프 ················ 111
- 몰트케 백작이 재판에 관해 적은 글 ················ 116
- 판결 이유 ·· 120
- 엄청난 결투 ··· 126

사형 선고 후 ·· 133
- 감형 청원 ·· 135
- 극단적 시험까지 견디어 내는 신뢰 ················ 143
- 먼저 간 마지막 친구들 ································ 151
- 그리스도의 밀알 ·· 158
- 흩뿌려진 재 – 그럼에도 잊히지 않으리! ·········· 165

생생한 기억 ·· 169
- 많은 이들을 대신하여 ································· 171
- 친구의 미망인, 백작 부인 프레야 몰트케 ········ 175
- 교도소 재소자의 영성을 보살피는 고위성직자 피터 부흐홀쯔 ···· 176

제2판 후기 ·· 180

사진 색인 ··· 183

역자 서문

1992년 여름 유럽 유학 초창기에 나는 우연히 남독일에 있는 다카우 강제노동수용소를 방문하게 되었다. 박물관의 사진과 필름을 보고, 수용자들이 살았던 천막 내부, 화장터 등지를 들여다보는 시간 내내 충격과 가슴에 이는 슬픔 속에 역사의 현장으로 빠져 들었다. 언어도단(言語道斷), 말이 끊겼다! 닥하우 수용소 사면에 흐르는 인공 운하에는 물이 흐르고 있었고, 그 물 바로 건너 전기가 흐르는 철조망이 높이 쳐 있고 사방에는 감시초소가 있었다. 굶주림과 절망 속에 사느니 철조망에 부딪혀 감전되기 위해 물로 뛰어드는 사람들이 눈에 아른거렸다. 인간성이 마비된 처참한 이 세계엔 채찍과 고함소리 외에는 대낮의 침묵만이 흐르고 있었다.

"사람들이 저렇게 죽어 가는 동안 하느님 당신은 어디에 있었습니까?"

그날 저녁 뮌헨으로 돌아오는 버스 안에서 나는 하느님께 이 질문을 던지고 또 던졌다.

4년이 지난 다음 내가 철학 공부를 위해 거주하게 된 뮌헨의 베르크망스 콜렉 현관의 동판에는 나치에 저항하다 희생된 예수회원들의 이름이 자랑스럽게 새겨져 있었다. 루페르트 마이어 신부, 알프레드 델프 신부, 아우구스틴 뢰쉬 관구장 신부 등인데, 이들은 바로 이 집에서 크라이스아우 동지들을 만났다고 한다. 크라이스아우 동지들은 나치 패망 후의 새로운 독일에 대한 비전을 함께 만들어 나가던 중 1944년 7월 20일 히틀러 암살 시도 사건과 연관되었다는 혐의를 받고 비밀경찰(Gestapo)에게 체포, 처형되었다.

내가 알프레드 델프에 본격적으로 관심을 갖게 된 것은 우연히 예수회 공동체 도서관에서 한 권의 책을 발견하고 읽은 뒤부터이다. 이 책은 상당히 오래 전에 출판된 책이지만 델프의 생각을 생생하게 느끼게 한 책이었다.

독자 여러분이 읽게 될 텍스트는 『알프레드 델프 S.J., - 최후의 편지와 친구들의 글』(Morus-Verlag, 1954)이라는 이 책을 번역한 것이다. 자신의 시대 안에서 자신의 지성과 양심을 다해 살아 계신 하느님을 찾고 그분께 순명하며 죽음을 무릅쓰고 실천하는 참 신앙인의 모델을 발견하게 된다.

민족 통일을 이루고 통일된 독일의 첫 수상이 된 헬무트 콜은 2006년 델프 탄생 100주년을 기념하는 자리에서 이렇게 표현했다. "오늘날 많은 사람들이 용기 있는 척 말하지만, 자세히 살펴보면 그들은 시대의 정신 앞에 비겁할 뿐이다. …… 그런데 감옥에서 쓴 델프의 글을 읽노라면, 그가 자기 자신과 싸우며 마지막 결론에 도달하기까지 신념을 위해 살았던 사람임을 알게 된다."

알프레드 델프는 1907년 9월 15일에 독일 만하임에서 태어났다. 가톨릭 신자인 어머니와 루터교 신자인 아버지 사이에서 6남매의 첫째로 태어난 그의 어린 시절은 개신교의 영향을 받고 성장했으나, 열네 살, 김나지움 시절에 가톨릭 교회에 입문하였다. 그러던 어느 해 12월 8일 '원죄 없이 잉태되신 동정 마리아 대축일'에 가톨릭 청소년 단체인 '새독일연맹(Neudeutscher Bund)'에서 선서를 통해 성모기사의 정신을 마음에 아로새겼다.

1926년, 19세의 나이로 예수회에 입회했고, 연학하는 동안에 벌써 자신의 시대를 판단하고 비판하는 특별한 성소를 보였다. 1935년 당시 유행하는 하이데거 철학을 비판하는 『비극적 실존』을 저술했다. 여기에서 그의 생애를 예견할 수 있는 단서들이 보인다. 즉 현대인이 하느님께 나아가는 데에 있어서 자신의 무능함을 깨닫도록 도우려는 열정을 보여준다. 1937년 사제 서품을 받고 뮌헨 대학교에 철학 박사학위 과정에 등록하려 했으나 나치당에 의해 허락되지 않는다. 당시 독일 예수회는 전체주의에 반대하는 입장에서 소리를 내고 있었기 때문에 나치당원들에게는 눈엣가시가 되어 있었다. 그리하여 델프는 뮌헨에서 예수회가 운영하고 있는 『시대의 소리』 (Stimmen der Zeit) 잡지사에서 편집을 맡게 된다. 1939년 『시대의 소리』는 금지되었고, 곧 이어 해체되었고 몰수당했다. 이로써 델프 신부의 시대비평이라는 사목이 사람들과 더욱 가까이 접촉하게 되는 계기가 되었다.

1944년 그가 체포되는 날까지 뮌헨-보겐하우젠의 성혈본당에서 일하게 된다. 그는 이 시기에 『인간과 역사』라는 80쪽의 작은 책자를 보겐하우젠의 친구들을 위해 썼다. 거기에서 그는 모든 인간에게 있어 가장 어두운 질문을 다룬다. 델프 신부는 도대체 왜 악이 역사 안에서 그렇게 열매를 많이 거두는지를 묻는다. 그것은 악이 역사를 지배하는 힘이 더 강력한 것도, 악이 역사에서 더 현실적이어서가 아니라, "선이 풍성하지 못하기 때문에, 선이 전통을 단지 보수적인 몽매(蒙昧)와 관습으로 잘못 이해하기 때문에, 선이 삶에 대한 시험을 삶의 공간에서가 아니라, 그 주변에서 극복하려 하기 때문에 그렇다."고 답변한다. 오늘을 사는 그리스도인들에게도 이 질문은 여전히 유효하지 않을까.

1942년 이후 델프는 헬무트 몰트케 백작(Helmuth Graf Moltke)과 다른 지식인들과 함께 히틀러의 패망 후 독일과 유럽의 상황을 걱정하면서 하느님의 법과 인간의 존엄성이 존중되는 새로운 질서를 구상하는 크라이스아우 비밀 클럽에서 활동한다. 그의 관구장이었던 아우구스틴 뢰쉬 신부의 소개로 이 클럽을 알게 되었고, 그는 가톨릭 사회이론가로 참여하였는데 델프 신부는 이제 시대를 비판하는 사람에서 시대를 건설하는 사람으로 불림을 받게 된 셈이었다. 그러나 '피로 얼룩진 희생'의 시간은 곧 찾아오고야 말았다. 1944년 1월 몰트케 백작이, 그리고 그해 7월에 델프 신부가 체포되었다. 그리고 그들은 나치의 붕괴의 가능성을 예상하고, 이 경우에 가능한 해결책을 마련하고 그리스도교 사상에 입각한 독일의 새로운 건설을 계획하였다는 이유로 고발당하고 마침내 사형 선고를 받았다.

그런데 1월 23일 몰트케 백작과 다른 두 명이 교수형을 받고 죽었지만 이상하게도 알프레드 델프 신부는 처형당하지 않았다. 그리고 그의 관구장이었던 뢰쉬 신부 역시 '크라이스아우' 사건에 연루되어 1월 중순 경에 체포되었다. 델프와 그의 지인들은 비밀경찰이 뢰쉬를 취조할 경우 델프가 사형을 모면할 새로운 사실이 증명될 수도 있다는 희망을 갖고 델프 신부 구명을 위해 상부에 서한을 보내는 운동을 벌였다. 혹시 처형이 미루어지면서 전쟁이 종료될 수도 있지 않을까 하는 기대가 있었다. 그러나 하느님의 섭리는 인간의 생각과 다르다. 하느님은 당신의 사제로 축성하시고 세상의 가장 어두운 곳에 파견하신, 사랑하는 아들이 세상의 구원을 위해 한 알의 밀알이 되어 땅에 떨어지기를 바라셨다. 2월 2일 오후에 델프는 교수대로 향하면서 그동안 돌보아 준 부흐홀쯔 신부에게 농담을 건넨다.

"신부님, 잠시 후면 제가 신부님보다 더 많은 것을 알게 될 것입니다."
이것이 그가 지상에 남긴 최후의 말이었다.

인류가 예수의 십자가와 부활 사건을 통해 비로소 이해하게 된 새로운 삶의 지평을, 즉 하느님의 나라, 하느님의 정의와 법을 향한 지향성을 잊어버리고 역사 안에서 다시 바벨탑과 자기 분열 그리고 무질서한 애착으로 치달을 때 예수를 십자가에 다시 못 박는 죄를 범하게 된다. 예수는 아직 살아계실 때 '마지막 날 심판'에 관해 언급하시면서 자기 자신을 굶주림과 추위, 병고에 시달리는 이들, 감옥에 갇히고 죽임을 당하는 이들과 동일시했다는 것(마태 25, 31 이하)을 우리는 기억한다. 21세기인 지금도 세계 곳곳에서 무고한 이들이 아우슈비츠나 다카우와 같은 곳에서 죽어 갈 때 '도대체 하느님 당신은 어디 계시냐고 우리 그리스도인은 질문할 수가 없다. 우리의 편견과 아집 그리고 죄로 인해 인간의 몰골로도 보이지 않던, 비참하게 처형당한 바로 이들이 예수이고 하느님이기 때문이다.

발간에 부치는 글

"용광로의 금처럼 그는 그들을 시험하셨고 번제물처럼 받아들이셨다."(지혜 3, 6)

예수회 신부 알프레드 델프를 추모하고자 하는 이 책은 많은 사람들, 특히 젊은이들의 간절한 요청에 따라 기획되었다. 그들은 예수회 신부 알프레드 델프에 관해서, 히틀러에 대한 그의 저항과 투쟁에 관해서, 그의 수감 생활에 관해서, 그리고 종국에는 교수대에서의 그의 처형에 관해서 보다 많은 것을 알고자 했다. 이런 욕구에 부응하기 위해서 이 책은 몇 편의 에세이와 메모, 그리고 델프 신부 자신이 감옥에서 직접 쓴 편지들을 주 자료로 삼고, 그가 겪은 투쟁과 고난의 시기에 그를 직접 경험했던 사람들의 진술을 보충 자료로 활용하여 그의 면모와 인간 됨됨이를 묘사해 보고자 한 것이다.

1942~1943년 간에 쓴 델프 신부의 사적인 메모들과 수감 시기에 친구들에게 보낸 편지들은 아주 사소한 생략은 예외로 하고, 보완하거나 주석을 달거나 하는 일을 전혀 하지 않고 날짜순으로 소개하였다. 이렇게 함으로써 당시 고독 속에서 델프 신부를 움직였던 많은 생각들이 그대로 반복되어 소개되는 것이지만, 독자들은 이로써 그가 추구했던 내적 싸움과 희망, 그의 덕성과 유머, 그의 진실한 인간성 전체를, 그리고 그의 하느님과의 깊은 결합을 타인에 의해 영향 받지 않고 직접적으로 체험할 수 있게 될 것이다. 이런 매우 개인적인 인격을 드러내는 글들은 그가 감옥에서 사슬에 묶인 손으로 썼고, 후에 그의 동료였던 예수회원 볼코바치 신부에 의해 『죽음에 직면하여』(Im Angesichts des Todes, Josef Knecht 출판사, Frankfurt a. M.)라는 제목으로 출판된 델프 신부의 수기들과 명상들을 보충하는 일이 될

것이다.

델프 신부에 관한 증언들은 동료 예수회원들, 친구들, 감옥에서 함께 고생한 이들, 그리고 교도소 사목 신부들이 한 것이다. 독자들은 이 모든 이들이 델프 신부의 인격에 의해서 어떻게 특별한 방식으로 감화되었는지를, 그들의 말을 통해서 그의 모습이 어떻게 정교하게 묘사되는지를, 그리고 얼마나 분명하게 그의 상황을 서술하는지를 느끼게 될 것이다. 심문방식, 재판과 판결 근거에 관한 정보는 당시의 사법제도에 관한 적나라한 모습을 보여줄 것이다.

델프 신부에 관한 다른 글들과 마찬가지로 "한 베를린 시민의 일기에서"라는 수기들을 연대순으로 본서의 핵심인 델프 신부의 편지 사이사이에 배열하였다. 이 수기들은 델프 신부가 자신의 편지에서 언급하고 있는 많은 것들을 더욱 잘 이해하도록 만들고, 그의 운명과 관련하여 감옥 밖에서 진행되고 있었던 일들을 생생히 보여준다. 편지 또는 일기장 등과는 달리 여기서는 대부분의 사람들 이름이 줄여지거나 생략되지 않고 그대로 밝혀져 있다.

일기 기록문들은 한 베를린 여인의 일기에서 발췌한 것인데, 이것은 약 30편의 다른 체험보고서와 함께 게르트르트 에얼레 박사에 의해 『심연 위에 드리운 빛』(Licht über dem Abgrund, Herder 출판사, Freiburg)이라는 제목으로 출판되었다. 이 글들은 가톨릭 여성 신자들이 히틀러 치하에서 겪었던 영적인 상태를 기술하고, 은밀한 가운데서도 활동한 양상을 보여주려는 시도에서 기획된 것이다.

델프 신부의 면모를 이런 방식으로 조명하는 것은 내용과 형식의 빈번한 변화를 가져왔다. 이 때문에 독자가 겪게 될 어려움은 희망컨대 매우 역동적이고 압축된 표현들로 상쇄될 수 있을 것이다.

공동 작업을 함으로써 또는 게재할 수 있게 허락해 줌으로써 이 추모집의 출간에 기여한 모든 이들에게 진심으로 감사드린다.

우리 세대에게는 – 특히 우리 가운데 그리스도인들에게는 – 진리와 권리를 위해서, 자유와 인간 존엄성을 위해서 투쟁하는 가운데 범죄자로 낙인찍혔고, 감옥과 교도소에서, 그리고 강제수용소에서 고통당했으며, 끝내는 자신들의 신념을 위해 단두대 아래서 혹은 교수대 위에서 죽어간 사람들에 대한 기억을 생생하게 하고, 배양하고, 심화시킬 숭고한 의무가 있다. 경외심으로 감사하는 우리들의 마음속에 그들은 우리가 본받아야 할 모범으로 계속해서 살아 있는 것이다. 그들에 대한 기억은 또한 당시 엄청난 파괴력을 행사했던 국가사회주의의 실체를 제대로 의식하지 못했던 이들에게도 앞으로 계속 생생하게 남아 있어야 할 것이다. 희생당한 열사들의 정신적 저항, 그들이 겪은 육체적 그리고 심리적 고통과 곤경은 이들에게도 양심을 깨어나게 해 줄 것이다.

이 사람들의 죽음은 헛된 것이 아니다. 이들의 죽음을 우리 국민들은 결코 잊어서는 안 된다. 알프레드 델프 같은 사람들은 뼛속 깊이 하느님과 그의 질서와 그의 나라, 즉 '진리와 생명의 나라, 거룩함과 은총의 나라, 정의와 사랑과 평화의 나라'를 위한 투사였고, 희생자였고, 증인이었다.

마리안느 하픽

2판에 부친 서문

    2판 발행에 즈음하여 우선 심심한 감사의 말을 출판사에 전하고 싶다. 동시에 미래에 이 책을 읽고 소유할 모든 이의 이름으로 출판사에 감사한다.
    두고두고 생각할 가치가 있어 보이고 또 닮고도 싶은 내용을 담은 편집자가 받은 한 편지를 토대로 쓴 후기를 제외하고는 2판의 글들은 전혀 변경되지 않는 채 1판 그대로이다.
    독일어를 쓰는 지역의 잡지와 신문에서의 수많은 비평을 통해, 그리고 개인적인 편지들을 통해 나는 감사하는 마음으로, 델프 신부가 이 작은 책자를 통해 많은 사람들에게 매우 가까이 다가서 있고, 그에게 많은 사랑과 존경이 드려지고 있음을 알게 되었다.
    이런 사실은 그동안 그의 이름이 석조 추모판과 나무 십자가에 새겨져서 기려지고 있을 뿐 아니라, 방방곡곡의 청소년 단체, 소년의 집이나 청소년 회관 등과 같은 수많은 단체들이 그의 이름으로 명명되고 있다는 데서 확인된다.
    틀림없이 모든 이들이 그의 강복을 경험하게 될 것이다. 델프 신부는 수감되기 전 자유의 몸이었던 마지막 순간에 다음과 같이 말했다. "나의 본질적인 사명은 축복하고 치유하는 것이다. 축복하고 치유하는 일을 계속하는 것이다."

마리안느 하픽

이 땅 위에 드러나신
하느님 위해 헌신하며

알퐁스 마츠커, 예수회 신부

"빵은 중요하다. 자유는 더 중요하다. 그러나 가장 중요한 것은 굳건한 신뢰와 변절치 않는 하느님에 대한 경배이다."

베를린의 테겔 지역에 위치한 감옥에서 '주의 기도'를 묵상하면서 델프 신부가 쓴 이 옹골찬 한마디 문장이 이미 우리로 하여금 그에게 귀를 기울이게 하지 않는가. 현대에 사는 우리에게 이처럼 영혼의 심연으로부터 말할 줄 아는 이 사람은 도대체 누구인가?

일반적으로 델프 신부에 관해 알려져 있는 것은 그가 1945년 2월 2일 교수형에 처해졌다는 것과, 그 다음날 그의 '재판관'이었던 프라이슬러가 지방법원의 지하 계단에서 폭탄에 맞아 죽었다는 사실이다. 델프 신부가 저질렀다는 죄는 그가 처형당하기 며칠 전 스스로 쓴 다음과 같은 문장에 잘 나타나 있다. "나는 독일을 믿었다. 독일은 어떠한 암울한 시절을, 어떠한 파국을 겪게 되더라도 이를 이겨 내리라는 것을 믿었다. 나는 국가사회주의당과 제3제국과 독일 민족이 하나라는 교만과, 폭력으로 밀어붙이는 이 삼위일체를 믿지 않았다. 나는 가톨릭 교회의 그리스도인으로서, 그리고 예수회원으로서 그렇게 행동했다."

우선 델프 신부가 살아 있는 동안 걸어갔던 중요한 행적들을 살펴보자.

알프레드 델프는 1907년 9월 15일에 만하임에서 태어났다. 그는 김나지움[1] 고학년 재학 중에 가톨릭 교회로 개종하였고, 연도는 확실치 않은 어느 해 12월 8일, 원죄 없이 잉태되신 동정 마리아 대축일에 '새 독일 연맹'[2]에서 "우리는 당신 아들의 모든 적들을 물리치시는 승리자 당신께 우리 자신을 봉헌합니다. 우리는 사도단이 되겠습니다."라는 선서를 함으

---

1) 역주: 초등학교 4년을 마치고 시작되는 독일의 9년제 인문계 중고등학교.
2) 역주: Neudeutscher Bund - 1919년 쾰른에서 결성된 가톨릭 청년학생 연맹.

로서 이상적인 기사도의 정신을 함양한다.

1926년에 입회한 예수회에서 연학하는 동안에 벌써 델프는 자신에게 시대를 판단하고 비판하는 특별한 성소를 보인다. 1935년 당시 유행하는 하이데거 철학에 대한 비판서인 『비극적 실존』(헤르더 출판사, 프라이부르크)을 저술했던 것이다. 이 저서에 이미 자기 삶의 계획을 알리는 기본적인 그의 목소리가 울리고 있다. 즉 단순히 '하느님 없이' 살고 있는 것이 아니라, '하느님을 알아볼 능력이 없는' 현대인(Die Gottunfaehigkeit)을 보면서 하느님을 알아볼 능력을 갖도록 현대인을 돕고자 하는 염원이 그것이다. "시대가 신을 찾지 않기 때문에 인간을 발견하지 못한다. 그리고 시대가 인간을 발견하지 못하기 때문에 신을 찾지 않는다. 이것이 우리 시대의 비극이다."(122쪽) 그는 '결여된 중심의 비밀'에서 독일 실존의 비극을 본다. 우리는 다시 "감동 속의 고요함이요, 파도 속의 일관성"(126쪽)인 중심의 영역과 익숙해져야 한다는 것이다. 인간이 만일 자신이 맺고 있는 관계들 모두를 포괄한, 따라서 하느님과의 관계도 포함해서 자신의 전 존재를 바라볼 수 있는 시각을 자유로운 지향으로 다시 갖게 된다면, "우리는 모든 종류의 몰락과 두려움과 수고와 결단들이 새로운 의미를 얻게 되는 그런 중심을 향해서 진력하게 되고, 거기서 정주하는 일이 다시 일어날 수 있으리라. 그곳에서 실존은 모든 비극과 결별하게 된다. 왜냐하면 자기의 목숨을 버린 사람은 거기서 넘치는 생명을 다시 얻게 되기 때문이다."(127쪽)

첫 번째 저술 이후 사회학자로서 잡지 『시대의 소리』(Stimmen der Zeit)에 관여한 그의 활동 역시 시대비판적인 내용을 담고 있다. '병든 영웅' - 로렌스 대령 - 은 영웅적으로 무신론을 외쳐 대지만 내적으로는 병든 현대인을 상징한다. 현대인의 병이란 로렌스 대령처럼 완전히 자유롭고 책임 있는 삶을 살아가지 못하고, 자유와 책임에서 벗어나 대중과 기계의 익명성으로 도피하고, 장관과 장군의 세계로부터 평범한 사병의 세계로 도망치는 현대인의 모습에서 여실히 드러난다. "나는 조종사로서가 아니라, 기계의 부품으로 기술에 봉사하기 위해서 비행사가 되었다. …… 기계의 부품이 된다는 것은 한 가지 장점을 지닌다. 즉 개인이 중요하지 않다는 것을 배우게 되는 것이다."(『시대의 소리』, 137권, 78쪽) 이와 같이 자신의 삶에서 자신의 존엄성을 자유롭게 구현하지 못하는 원인은 자신이 처한 삶 속에서 세상을 위한 봉사에 헌신하려는 커다란 포부 때문이 아니라, 지상의 신비가 없기 때문인 것이다. 우리는 사리를 마지막 근원까지 추구해야 한다. 그렇지 않으면 모든 것이 거짓이 되고, 치명적이 된다. 우리는 스스로를 근저에 이르기까지 통찰해야 한다. 그렇지 않으면 그 결과는 로렌스 대령이 보여주듯이 '역할이 끝난 배우'이며 '딜레당트'일 뿐이다.(앞의 책, 80쪽)

1939년에 『시대의 소리』는 금지되고, 뮌헨에 있는 잡지사는 해체되고 몰수당했다. 델프 신부에게는 이것이 시대비평자로서의 사목활동을 위해 사람들과 더욱 가까이 접촉하게 되는 계기가 된다. 그는 1944년 체포되는 날까지 뮌헨-보겐하우젠(Muenchen-Bogenhausen)의 '성혈본당'에서 일하게 되었던 것이다. 보겐하우젠의 친구들을 위해서 그는 『인간과 역사』라는 80쪽의 작은 책자를 썼다. 이 책에서 그는 모든 사람의 마음 속 가장 깊은 어두운 곳에서 제기되는 의문이 무엇인지를 지적하고 있다.

"악행과 부당함이, 참혹한 행위와 폭력이 불행보다도 훨씬 더 어둡게 역사를 물들이고 있다. 검은 돛을 단 배들이, 생명을 마음대로 유린하는 해적들이 탄 해적선들이 자신들의 바다인 양 대양에서 유유히 항해하고 있다. 돛은 순풍을 만나 한껏 부풀어 올라 있고, 선창은 노획한 물건으로 가득 차 있다. 그들은 천연덕스럽게, 방해받지 않고 여기저기 옮겨 다니면서 나쁜 짓을 자행한다. 조류가 그들을 삼키기는커녕, 오히려 그들을 이리저리로 안내한다. 그들은 모든 암초와 소용돌이를 피해 항해한다. 검은 돛을 단 폭력과 불의의 배들이, 붉은 닻을 단 살인과 죽음의 배들이, 회색 빛 닻을 단 곤경과 근심 그리고 절망의 배들이 이리저리 항해하는구나."

1943년에 이 글을 읽었던 모든 사람들은 여기서 말하는 '그들'이란 누구를 의미하는지 쉽게 알아차릴 수 있었다.

델프 신부는 도대체 악이 역사 안에서 왜 그처럼 끔찍하게 설쳐 대는가에 대해서도 답했다. 악이 융성하는 것은 역사를 지배하는 힘이 더 강력해서가 아니고, 악이 역사에서 더 실재적이기 때문도 아니라, "선이 풍성하지 못하기 때문이다. 선이 전통을 단지 보수적인 나태나 관습으로 잘못 이해하고 있기 때문이다. 선이 윤리적 정도(正道)를 비이더마이어 풍3)의 얌전한 행실로, 무사안일로 과소평가하기 때문이다. 선이 생명의 검증을 너무도 흔히 삶의 한 복판에서가 아니라 그 변두리에서 행하기 때문"(64쪽)이라는 것이다. 다음 문장에서는 이미 궁극적인 것에 대한 그 자신만의 결심이 드러나 있고, 그의 고유한 이상이 반영되어 있다. "역사는 고도의 용기와 위대한 모험과 피로 물든 희생이 요구되는 넓은 시야의 시험대 위에서 인간을 검증한다."(64쪽)

1942년 이후로 그는 이런 넓은 시야의, 고도의 용기와 위대한 모험의 시험대 위에 서 있게 된다. 그는 하느님의 법과 인간의 존엄성이 존중되는 새로운 질서를 구축하기 위해 모여 논의하는 자리에서 헬무트 몰트케 백작(Helmuth Graf Moltke)과 다른 사람들을 만나게 된다. 델프 신부는 단숨에 시대비판자에서 시대의 파괴자들에 맞서 싸우는, 시대를 건설하는 사람이 된 것이다. 투사로서의 그의 모습이 이제 『시대의 소리』에 기고한

---

3) 역주: Biedermaier 풍 – 나폴레옹 전쟁 후 왕정복고 시대로부터 3월 혁명 이전까지 (1815-1848)의 실내 장치, 회화 등에 나타난 소시민적 시대풍조.

그의 글에서도 그 윤곽이 하나씩 하나씩 우리에게 다가온다. 델프 신부의 동료이자 친구였던 볼코바치(Bolkovac) 신부가 그의 모든 유고문을 편집해서 출간했을 때 투사로서의 그의 모습을 염두에 두고 『그리스도 교인과 현재』4)라고 명명한 것은 매우 시사적인 일이 아닐 수 없다.

델프 신부에게 있어서 주어진 투쟁의 장은 우리가 지금 서 있는 현재이다. "피난이나 이민 혹은 수동적인 순응은 그리스도 교인으로서 자기 자신의 진실성과 모순되기 때문에 결코 그리스도인이 취할 수 있는 태도가 아니다. 그리스도인이 가져야 하는 태도는 성취하고, 제어하고, 구원하려는 의지 외에 다른 것일 수가 없다. 모든 진정한 현실은 그리스도의 육화(肉化)의 신비와 연관되어야 한다. 모든 역사적 시간은 진정한 현실인 것이다. 그것이 타락하고, 일그러진 모습을 갖게 되지 않는 한."(I권 20쪽)

그의 투쟁 목적은 이 시대에 하느님이 절실히 바라시는 것을 실천하는 것이다. "그리스도인에 의해, 즉 구원받은 이에 의해 하느님의 모습을 여실히 드러내는 것"이다. "우리와 함께 이 시대를 살아가는 사람들은 우리와의 만남을 통해 우리가 그들을 이해하고 있으며, 그들에게 실재인 것이 우리 안에서 더욱 완성되어 발견되기 때문에 우리가 그들보다 우월하다는 것을 느끼지 않을 수 없게 되어야 한다."(I권 21쪽) 따라서 그에게 있어서 우리 그리스도인들이 투쟁한다는 것은 하느님을 위해 성실하게 증언하는 것을 의미했다. "그리스도의 의미와 교회의 의미가 어느 한 민족에게 유의미한 것으로 다가올 수 있는 것은 그리스도인이 얼마나 가치 있는 존재로 사는가에 비례하고, 그들이 얼마나 그리스도적 생명과, 빛나고 매력 있는 존재의 힘으로 주변을 압도하고, 그 이웃들을 자신들이 거하고 있는 거룩한 물결 가운데로 인도하는가에 달려 있는 것이다. 우리를 만나는 사

---

4) 요셉 크네히트 출판사, 프랑크푸르트. 제I권: 지상의 삶을 위하여, 제II권: 전능하신 신, 제III권: 죽음에 직면하여. 출판사는 친절하게도 이 책들에서 인용할 것을 허락했다. 뒤에 나오는 인용문들의 출처도 모두 이 책들이다.

람들은 우리가 현대에 사는 구원받은 자라는 것을 느끼지 않을 수 없어야 한다. 그들이 우리와 대적하여 싸울 때라도 그것을 느끼지 않을 수 없어야 한다."(I권, 21쪽)

또 그는 그리스도교적 가치가 꽃피고 숨 쉴 공간을 빼앗으려는 모든 실제적 위협에 맞서 그리스도인들이 투쟁해야 한다고 생각했다. "갈등이 있는 곳에선 타협하지 말고, 배반하지 말고, 그리고 겁먹지 말고 싸워야 한다."(I권, 23쪽) 그러나 이 '싸움'은 곧바로 다음의 문장을 통하여 이 표현이 부정적 의미로 오해될 소지가 없어지고, 그 본뜻이 뚜렷해진다. "그러나 이러한 방어적인 싸움은 어느 세대에 있어서도 그리스도 교인들의 주관심사는 아니었다. 우리가 방어하는 경계석 뒤에는 참 생명의 완전한 충만함이 항상 드러나 있어야 한다. 우리 안에 실존하는 주님 나라의 존재적 빛남이 우리가 주장할 수 있는 최선의 요구요, 우리가 취할 수 있는 최선의 방어인 것이다."(I권, 23쪽) 델프 신부는 "풍파가 몰아치는 세상과의 용감한 만남을" 주저하는 사람이 아닌 것이다. "교회가 세계임을, 교회의 법이 한 때는 변화와 역사의 법이었음을, 그리고 그것이 세속의 먼지와 힘겨움을 의미한다는 사실"을 잊은 사람이 아닌 것이다.(I권, 24쪽) 그런 사실을 잊는다 함은 "다른 형태로 시간의 초탈을 의미"할 것이다. 델프 신부와 가까이 지냈던 사람이라면 누구나 현대 그리스도인의 특징을 기술한 다음의 글에서 그가 무의식적으로 자화상을, 즉 진정한 투사로 부르심을 받았다는 자각을 그려 내고 있음을 인식할 것이다.

"현대 그리스도인은 완전한 소유의 그리스도인이어야 한다. 우리는 언제나 모든 진정한 실재가 우리에 속한다는 것을, 주님과 아버지로부터 받은 소유요, 위임이라는 것을 자각하고 있어야 한다. 실재에 대한 의미가 심화되고 생명의 기쁨이 넘치는 시대에 그리스도인은 고양된 그리스도교적 생명력을 요청받고 있다. 이 세상이 이미 우리를 감동시킬 수 있는데,

이 세상을 초월해서 우리에게 주어진 보다 더 위대한 힘들은 우리를 더욱 더 강력하게 사로잡고 마지막 열성을 다하도록 하지 않겠는가! 사람들이 우리를 만날 때, 우리가 비록 고난을 당하고, 그들이 우리에게 불의를 저지르고 있지만, 우리는 우리 자신을 결코 불필요한 존재로, 패배한 존재로 인식하지 않는다는 것을 그들이 느끼도록 해야 한다. 우리는 온전한 실재를 긍정하는 사람들이다. 이런 실재를 통해서 이 세상을 지속시키는 힘들이 이 세상에 유입되는 것이며, 이런 실재는 또한 이 세상에서 매우 중요한 부분의 존속을 위해서도 불가결한 것이다. 우리가 이 시대에 있어서 약속과 은총의 담지자라는 것을 사람들이 느끼도록 해야 한다. 우리에게 중요한 것은 어떤 대가를 치르더라도 며칠 간의 생명을 더 연장하는 것이 아니라는 것을, 우리에게 중요한 것은 어떠한 희생을 치르더라도 우리가 그리스도 교인으로 존재하는 것을 유지하는 것이 중요하다는 것을 그들이 느끼도록 해야 한다. 우리에게 종종 밀려오는 피로감와 회피 혹은 체념 같은 기분들은 우리의 존재에 합당한 상황을 잘못 인식한 결과이며, 우리가 하느님, 그의 세계 그리고 그의 은총과 관련되어 있다는 사실을 잊게 만든다.

이와 같은 온전한 실재의 소유에서 이제 그에 맞갖는, 굴종적이지도 미지근하지도 않는 헌신의 의지와 봉사의 의지가 생겨나야만 한다. 우리는 이 세상의 사물들을 세상 사람들과 달리 평가할 뿐 무가치하다고 여기지는 않는다. 따라서 사람들이 이 세상에 대한 우리의 태도를 보고, 우리가 보다 숭고한 사명을 가지고 파견되었음을 자각하고 있음을 알도록 해주어야 한다. 그리스도교는 무상함을 긍정하기도 한다. 그것은 다름 아닌 하느님이 인간을 그의 모상으로 창조하였고, 모든 것은 창조주 아버지의 축복 아래 놓여 있으며, 모든 진보와 모든 새로운 업적은 하느님의 반영(反影)으로 세상에 들어온 것의 가시화라는 점에 근거한다."(I권, 25쪽)

투사로서 델프 신부의 특징은 다음과 같은 문장에 드러나 있다. "역사의 본질이란 과거를 항상 새롭게 조명하고, 새로운 변화 속에서 전체를 다시 표현하려는 것이라고 파악한 사람은 말하자면 항상 과거에 사로잡혀서 뒤쪽만 바라보지 않고, 과거로부터 방향을 찾는다. 살아 있는 실재가 퇴락된 것을 새로 세우지 않고, 오랜 역사로부터 한 실재에게 부여된 고귀한 힘에 의해서 항상 새로 세워지지 않는다면, 가장 자랑스러운 과거라도 아무짝에 쓸모가 없는 것이다."(I권, 27쪽)

1943년 풀다(Fulda)에서 개최되었던 사목자 회의에서 행한, 모든 청중에게 잊을 수 없는 것으로 남아 있는, 교인에 대한 모습을 묘사한 연설에서 델프 신부는 자기의 가장 내밀한 곳에 품고 있는 것을 내보이는 다음과 같은 말로 끝내고 있다. "첫째로 중요한 것은 하느님의 광휘와 영광입니다. 진정으로 이를 위해 사는 사람에게는 그 밖의 다른 모든 것이 주어질 것입니다. 그러나 여기에는 한 가지 전제 조건이 있습니다. 교회에 속한 사람은 영광의 개념을 다시 근원적으로 파악하고 실현할 수 있는 사람이라야 한다는 것입니다. 그리고 과거의 진정한 기사들의 강인함과 유능함을 다시 우리 안에서 부활시킬 수 있는 사람이어야만 한다는 것입니다. 하느님의 위대함이 이 백성들에게서 다시 한 번 드러난다면, 그것은 인간이 이런 것을 볼 수 있는 한에서, 그리고 이것이 인간에 의해 야기되거나 혹은 함께 작용될 수 있는 한에서 그럴 것입니다. 그것은 우리 자신의 진지함, 우리 자신의 힘, 우리 자신의 확고함, 하느님의 모습대로 지음 받은 존재인 우리 자신의 위대함을 통해서 위대한 하느님을 사람들이 인식할 수 있도록 하는 데에 성공할 때만 비로소 가능할 것입니다."(I권, 236쪽)

우리 시대의 진정한 사명을 위해 이와 같이 타협 없이 투쟁하는 이들에게는 '피로 얼룩진 희생'의 시간이 곧 찾아오게 마련이다. 1944년 1월 몰트케 백작이 체포되고, 델프 신부는 그해 7월에 체포된다. 그들은 나치의 붕괴 가능성을 예상했고, 그럴 경우를 대비해서 임시 해결책을 마련하였고, 그리스도교 사상에 입각한 독일의 새로운 건설을 계획하였기 때문에 반역죄로 고발당하고, 그 때문에 두 사람은 사형 선고를 받게 된다. "우리는 단지 생각했었다. …… 그런데 이 고독한 사람들의 생각, 그것도 단순한 생각에 대해서 국가사회주의(나치즘)는 큰 두려움을 가지고, 이로 인해 영향 받은 모든 것을 근절시키려 했다. …… 우리는 함께 생각했기 때문에 교수형에 처해진다."고 몰트케 백작은 그의 부인에게 보낸 마지막 고별 편지에 적고 있다.

델프 신부의 생애에서 자의에 의한 것이건 타의에 의한 것이건 그가 걸어간 길을 주도했던 내면의 신념은 무엇이었는가를 생각해 볼 때 우리 앞에 다음과 같은 그의 인생설계가 나타난다.

그것은 한마디로 말해 델프 신부가 1943년 사목자 회의에서 말한 바와 같이 "신실한 교인을 회복시키는 일과 교육하는 일"(I권, 236쪽)이었다. 쉽게 접할 수 없는 매우 깊이 있게 시대를 분석하는 글에서 델프는 교인들이 자기 자신과 교회에 대해 가지고 있는 불신을 우리 시대의 특징으로 제시하였다. 신뢰하지 못하는 주체에 대한 그의 분석뿐만 아니라 신뢰를 받을 만한 객체에 대한 서술, 신뢰의 위기에 처한 교회의 삼중적인 교회 직분에 대해 말한 것 모두는 오늘날에 있어서도 항상 새롭게 숙고할 만한 가치가 있다. "우리의 문제는 주로 순전히 교회 내적인 상황에서 발생하는 것이지, 자의건 타의건 강요에 떠밀려서 선교적 차원에서 하게 되는 이 시대와의 대화 문제에서 연유하는 것은 아닙니다."(I권, 229쪽)

"교도권자의 임무는 경계를 긋는 것이고, 교회학자의 사명은 경계의 일탈에서 생겨나는 문제들에 대한 대답을 주는 것입니다. 그러나 온전한 전체를 소유함으로써 발휘하게 되는 그런 능력을 가지고서 시대의 상황을 정신적으로, 종교적으로 제어하는 창조적인 힘들이 침묵하고 있다는 것, 바로 그것이 우리 시대가 안고 있는 커다란 곤경 중의 하나라 하겠습니다."(I권, 230쪽)

"모든 지혜로움이 한계에 이르고, 달리 토론할 여지가 없는 확고함이 절대 우선순위를 갖는 때가 있습니다. 세례자 요한의 '우둔함'이 사라져 버렸습니까? 교회가 인간과 인간의 기본적인 권리를 망각했습니까? 교회가 구원되어야 할 피조물들을 버려둔 채 어떻게 그리스도인들을 구원하려고 한단 말입니까? 이것이 자주 비그리스도인들뿐만 아니라 그리스도인들 또한 자주 제기했던 물음들입니다. 문제의 개수를 세고 나열하는 일은 그런 문제제기의 정당성에 관해서는 아무것도 말해 주지 않습니다. 그러나 문제가 제기되었다는 그 사실은 깊이 생각되어야 하는데, 그 이유는 사람들이 동의하고, 시인하는 말 때문이 아니고 자신의 피조물을 우리에게 맡기신, 다스리시는 하느님 앞에 서 있기 때문입니다."(I권, 232쪽)

"교인이라고 말하는 타입의 사람들은 너무나 유약하고 힘없는 존재가 되어버린 것이 아닐까요? 정신적이고 육체적인 '민족 대이동'이라는 아주 험난한 길을 걸어 온 '인류'를 교인들은 아직도 너무나도 '행정적'으로 파악하고 정복하려 시도하고 있는 것이 아닐까요?"(I권, 232쪽)

"우리 눈앞에서 버젓이 한 인간의 존엄성이 유린당한다면, 그리고 사람들이 그리스도교적인 생명과 그리스도교적인 질서가 구현될 수 없는 그런 현실에 떨어져서 그 안에서 꼼짝없이 살게 된다면 그리스도 교회만이 특별하게 가지고 있는 특성들을 위해 바쳐지는 모든 저항과 헌신이 무슨 도움이 되겠습니까?"(I권, 234쪽)

대부분 아직도 읽을 만한 가치가 있는 이와 같은 시대 분석을 개진한 후에 델프 신부는 그의 전 생애를 아우르는 강령처럼 보이는 몇 가지 "귀결과 요청"을 제시한다. "다음과 같이 표현할 수 있는 하나의 법칙이 있습니다. '궁극적으로는 오직 그리스도인만이 인간이다'가 그것입니다. 그러나 이 말은 동시에 '그리스도인은 인간과 함께 죽는다'는 것을 의미합니다. 이 말은 우리의 구체적 책임론에 입각해 보자면 인간의 자유와 정신을 위한 투쟁, 순수하고 진정한 문화를 위한 투쟁은 교회가 가진 가능성의 측면에서의 관심사일 뿐만 아니라 근본적인 권리이자 의무인데, 이것은 교인들뿐만 아니라 성직자들의 권리이자 의무임을 뜻합니다. 오늘날 성당이 위협받고 있는 피조물을 위해 담대히 나서서 변호해 준다면, 그리고 그렇게 도와주기 때문에 피조물들의 기억에 자신을 잊을 수 없도록 각인시킬 수 있는 엄청난 기회를 가지게 되는 셈입니다. 하지만 이것을 앞으로 올 것에 대한 전략적인 이득의 시각에서 바라본다면 잘못된 일일 것입니다. 이 사명에 대한 의무는 하느님의 모습이 피조물 안에 담겨 있다는 믿음에서 비롯된 책임감에서 나오는 의무인 것입니다. 우리가 사람들 앞에 나서야 할 것입니다. 그것은 우리가 이천년 동안 내내 그리 했기 때문이 아닙니다. 위대한 역사를 가지고 있기 때문이 아닙니다. 도도히 물결쳐 오는 하느님의 구원 의지가 무엇인지를 파악했기 때문입니다. 바로 지금 진행되고 있는 역사적 사건 속에 인간을 자기에게 가까이 데려오려는 주님의 놀라운 의지가 자리하고 있다는 사실을 우리가 파악했기 때문입니다. 우리는 도도히 물결쳐 오는 하느님의 구원의지를 알고 있습니다. 그렇기 때문에 주님은 찾아 나서는 인간으로 오셨고, 인간을 찾아 나선 도상에 계신다는 사실이 인간의 근본이라 하지 않을 수 없는 것입니다."(I권, 235쪽)

위협받고 있는 나약한 존재들을 위한 용기 있는 방어, 그리고 역사의 사건 안에서 인간을 자신에게 데려오려는, 즉 인간을 찾아오는 주님의 의지를 위한 봉사, 이것이 델프 신부의 인생설계의 요약이 아니겠는가? 그리고 바로 이 두 가지 지침은 그의 감금 생활에서 그 궁극적인, 거의 유언적인 확실성을 얻게 된다. 감옥에서 그는 오늘날 인간 대부분은 단지 하느님 없이 살아가는 것이 아니라, 어떻게든 하느님과 관계할 능력이 없다는 것을 확실히 보여주었다. 첫째로 인간이 자신의 생활세계에 다시 질서를 부여할 때에만 신에게 다가갈 능력을 만들 수 있다는 것이다. 인간이 인간 존엄성에 합당치 않게 비인간적으로 살아가는 한, 대부분 인간들은 주어진 여건에 눌려 지내게 되고, 기도하지도 않고, 신앙하지도 않고, 생각하지도 않게 된다는 것이다.(Ⅲ권, 103쪽)

"한 사람이 피가 나도록 두들겨 맞고 강탈당해서 거리에 내동댕이쳐 있을 때, 그저 지나치지 않고 그를 거두어서 자기 집에서 치료해 준 사람이 그의 이웃인 것이지, 자기에겐 아무 책임이 없기 때문에 '성사'를 집행하러 무심히 지나쳐간 사람을 이웃이라 할 순 없습니다."

따라서 델프 신부는 우리가 '당신의 나라가 우리에게 임하시며'라는 주의 기도를 할 때, 인간 품위에 합당하고 그리하여 하느님께 열려 있으며, 하느님을 맞이할 수 있는 삶이 인간에게 가능케 하는 질서를 다시 세울 수 있는 그런 사회적 변혁을 기꺼이 바라고 준비된 마음으로 기도해야만 그것이 진실로 기도드려진다고 생각하는 것이다.(Ⅲ권, 122쪽)

둘째로 우리 스스로 다시 질서를 회복해야만 한다는 것이다. 그렇지 않으면 아무리 아름답고 아무리 좋은 삶의 여건이라도 조만간에 다시 흉하게 일그러지고 만다는 것이다. 병약하고 생명력을 잃어버린 사람은 다시 정신적으로 굳건하게 자립할 수 있게 되어야 한다. 이를 위해 필요한 것은 "자주성, 책임감, 판단력, 양심 등을 육성하는 교육이다. 사회에 적응할 수 있도록, 사람들과 진정으로 어울릴 수 있도록 해주는 교육이다. 온갖 수많은 대량화 현상들을 극복하도록 도와주는 것이다. 실사적(實事的) 사고를 하도록, 사람이 되도록, 하느님께 나아가도록 해주는 것이다."(Ⅲ권, 104쪽)

셋째로 위에서 언급한 두 가지 사안은 하느님의 법을 지향하지 않으면 결코 가능한 일이 아니다. 세계의 새로운 질서는 "역사적으로 검증된 하느님 질서의 형태를 띠어야 한다. 그렇지 않으면 새로운 바벨탑과 새로운 파멸만이 있을 뿐이다."(III권, 104쪽)

이 세 가지 과제를 실현하기 위해서는 본래의 종교성을 지니고 있으면서 동시에 본래 세속적인 것에도 통달한, 즉 이 두 가지 능력을 갖춘, 전체를 관망할 줄 아는 일련의 사람들이 필요하다. "종교는 현 시대에 대해서 너무나도 빈번히 그저 원론적으로만 말해 왔고, 실제적인 측면에서는 아무런 현실감이 없이 말해 왔기 때문에 점점 신용을 잃게 되었다. 그리하여 세속에 능통함이 그 역할을 대신하게 되었고 그 결과 종교는 스스로에 대한 신념을 잃어버렸다."(III권, 105쪽)

이 모든 노력들의 최종 목적은 바로 경외하고 경배하며 사랑을 실천하는 '사람'이다. "이런 사람만이 인간인 것이다. 모든 다른 것은 이것을 향해가는 여정일 뿐이다. 그 길은 먼 길이고, 반드시 가야만 하는 길이다. 기도하며 사랑하는 마음의 작은 불들이 다시 타오를 수 있을 때까지 우리는 이 길을 가야만 한다. 그러면 인류는 다시 한 번 인간의 본향에서 살게 될 것이다."(III권, 107쪽)

이렇게 말하는 델프 신부의 목소리는 오늘날에도 우리에게 아직 수행하지 못한 많은 과제를 지시해주는 인생계획이 아니겠는가? 델프 신부의 상(像)과 연관시켜 볼 때 이런 그의 인생계획은 바로 감옥 생활에서 온전히 드러난 그의 성숙한 삶으로 우리를 인도한다.

우리는 그의 기록을 통해서 고군분투하고 있는 그러나 점점 성숙해지고 있는 어느 한 마음의 울림을 듣게 된다. 그것은 그가 자신의 생명을 바치고자 한 모든 사람들을 향한 선한 마음이다. "우리가 죽었기 때문에, 다른 이들이 보다 더 훌륭하고 보다 더 행복하게 살 수 있어야 한다." 다음과 같은 문장은 마치 인생의 좌우명처럼 들린다. "한 사람을 통해서 이 세상에 좀 더 많은 빛과 진리가 있게 되었다면 그의 삶은 의미를 가졌다고 하겠다."(III권, 179쪽)

그의 친구들에게는 "아, 친구들이여, 우리를 내적으로 성장할 수 있게 한 말씀과 가치에 대해 우리가 개방적이고 자유롭게 함께 참여할 수 있었던 시간이 이제 멎었구나!"(III권, 179쪽) 하며 그의 선한 마음을 전하고 있다.

그의 적들에게는 "나는 우리에게 그 짓을 행한 그들을 미워하지 않는다. 독일의 실정법을 쥐락펴락하는 그 위대한 사기꾼들조차 미워하지 않는다. 나는 그들이 다만 말할 수 없이 불쌍할 뿐이다. 그들보다 더 불쌍한 것은 그들에게 자신과 자신의 가장 귀중한 재화들을 내준 민중이다. 하느님이 독일을 지켜주시기를!"(III권, 127쪽)이라 말하며 선한 마음을 표현하고 있다.

그렇다, 그의 글 속에 계속해서 반복되어 울려나오는 또 다른 소리는 자신의 조국에 대한 변함없는 사랑이다. "그토록 고립무원(孤立無援)에 처해지고, 그토록 배신당하고, 그토록 도움 없이 버려진 이 민족을 사랑해주옵소서. 겉으로는 당당히 진군하며, 떠벌리는 그 모든 안전성에도 불구하고 근본적으로는 그토록 외롭고, 어찌할 바 모르는 이 민족을."(III권, 179쪽) 이렇게 그는 죽기 직전에 사슬에 묶인 손으로 다시 한 번 조국과 민족을 축복하였다. "곤경과 내적 고통 중에 있는 나의 사랑하는 나라 독일에게"(III권, 180쪽) 강복을 빌었다.

하지만 그의 가장 위대한 성숙한 면모는 그의 일기에서 들려오는 하느님과 나눈 대화에서 드러난다. "인간은 단지 하느님과 함께 하는 한에서만 진정으로 인간인 것이다.", "하느님은 인간의 본질을 정의할 때 함께 생각된다. 그리고 하느님과 맺은 가장 내밀한 생명의 공동체는 성공적이고 멋진 인생을 사는 선결 조건이다."(III권, 146쪽) 이와 같은 문장들의 뜻이 이미 엄청나지 않은가.

이 점을 감안할 때 다음과 같은 말로 델프 신부가 드러내 놓고 자신의 매우 개인적인 내밀한 체험을 말하더라도 그리 놀라운 일이 아니다. "주님이신 하느님께서 잔잔하게 일렁이는 복락(福樂)의 파도와 같이 하느님의 자녀를 에워싸고, 감싸고 흐르며, 그 안으로 스며들고, 그를 관통해서 흐르는 그런 때가 있고, 하느님의 자녀가 신성의 거룩한 생명수 안으로 실제로 연결되어 흐르고 있다는 사실을 알게 되는 때가 있다. …… 이 순간들로 인해서 우리는 수많은 황량한 나날을 이겨낼 수 있는 것이다. 왜냐하면 이런 순간들을 선물로 받은 현존재는 어떠한 일에서나, 어떠한 처지, 어떠한 상황에서나 하느님의 고요한 미소를 보기 때문이다."(III권, 144쪽)

델프 신부는 하느님과의 이런 만남에서 인간이 스스로를 벗어남으로서 최고도의 능력을 발휘하게 됨을 본다. "우리가 자기 자신에 대해 알고 싶거든 우리 자신을 우리 뒤로 내버려야 한다." "우리는 돛을 영원한 바람을 향해 세워야 한다. 그러면 우리는 비로소 우리에게 어떤 항해가 가능한지를 짐작하게 된다."(III권, 90쪽)

그것은 그러나 완벽하게 내버리는 것이어야 한다. "자신의 세계를 뭔가 직접적으로 파악하고 이해할 수 있는 공간으로 제한하는 사람은 살아 계신 하느님의 현존에 결코 가까이 올 수 없다. 신앙이란 인간이 자신으로부터 벗어나서 주님이신 하느님께 향하는 첫 걸음이다. 주님이신 하느님을 중심으로, 절대적 유효성으로 인정하는 것, 설사 자기 자신에게, 그리고 다른 모든 현상에 반대되더라도 하느님을 절대적으로 인정하는 것이다. 이런 결심은 하나의 인격적인 언어로, 하나의 인격적 신뢰심으로 응

축되어 나타나야 한다."(III권, 167쪽)

지금까지 살펴본 바와 같이 델프 신부의 삶의 자취와 그의 앞날을 결정짓는 삶의 계획, 그리고 충만하게 구현된 성숙한 생애의 단면을 접한 후에 이제 독자 여러분은 과연 델프 신부의 희생적 죽음이 그 자신이 한 번 표현한 적이 있듯이 강력한 증언이요, 강력한 효력을 지닌 것인지를 이제 각자 스스로 판단하기를 바란다.

"속죄하는 희생양으로서, 그리고 새로운 역사적 실재를 잠에서 깨우는 효과적인 경종으로서 역사적 영향력을 발휘하는 것은 휘날리는 깃발과 함께 하는 몰락뿐이다. 즉 역사의 올바른 질서와 올바른 모습을 위해 투쟁하는 가운데 몰락하는 것, 죽는 것 말이다. 폭력에 의해 인간이 노예처럼 끌려 다닐 법한 삭막한 땅 구석에서 벌어지는 가장 처참한 고통과 가장 외로운 퇴락 역시 이 모든 것을 의식적으로 역사 안에서 자신을 표현하시려는 하느님의 면모를 위한 헌신과 신뢰로 자각하며 받아들일 때 그것은 증언의 힘을 갖게 되는 바, 그 힘은 동시에 언제나 잉태의 힘, 무엇인가를 생산해 내는 힘이기도 하다. 역사는 그 질서와 그 가능성에 있어서 인간이 하는 증언과 결정 여하에 달려 있는 것이다. 역사는 인간의 입장에서 볼 때 필사적인 사건인 것이다. 역사를 위해 투쟁한 일이 없는 사람은 그가 역사를 잃어버렸더라도, 그리고 반대로 역사가 그를 잊었더라도 결코 놀라워해서는 안 될 것이다."(『인간과 역사』, Alstia 출판사, 콜마, 68쪽)

"선하신 하느님
그리고 그분의 아름다운 세상"

1942~43년, 델프 신부의 기록에서

······ 아름다운 것은 추한 것보다도 실로 더 많이 하느님을 드러낸다. 그러나 거기에도 숨겨진 악마가 있다. 아름다움은 추함보다도 더 영적이다. 그러나 모든 영에는 그 안에 자기 자신만을 의지하고, 자기 안에 머물며 안주하려는 유혹이 담겨 있다. 나는 인간이 추함과 거짓에서와 같이 아름다움과 진실에서도 하느님 없는 삶을 살아갈 수 있다고 생각한다. 선함과 아름다움이 갈증을 증폭시키지 않고 잠재우기만 한다면, 형이상학적, 종교적 각성을 위태롭게 만든다······.

······ 나를 안주시키고자 하는 고향을 가져서는 안 된다. 또 내가 갖고 싶고, 머무르고 싶은 고향도 가져서는 안 된다. 하느님의 뜻에 따라 사는 사람들은 하느님이 계시는 곳이라면 어떤 곳이라도 자신의 거처로 여겨야 한다. 하느님이 더 많이 계시는 곳이 그가 더 많이 있어야 되는 곳이다. 간단히 말하자면 그곳은 많은 고난과 많이 상처받은 마음과 많은 정직성을 의미한다······.

······ 여러 종류의 신뢰할 수 없는 것들이 있다. 무자비함, 서로 더 많이 이용해 먹으려는 욕심. 수단을 가리지 않고 목표를 추구하는 집요함, 변덕스런 쾌락 등이 그러하다. 봉사와 소명도 그러할 때가 있다. 이외에도 우리의 삶의 아주 독특한 속성이 그러하다. 앞서 언급한 귀중한 가치들을 포함하지만, 그 밖의 고유한 성질 때문에 그러할 때가 있는 것이다. 나는 종종 나의 친구들을 유감스럽게 생각할 때가 있다. 나는 사람으로서 스스럼없이 그리고 아무런 제한 없이 그들을 대하고 싶어도 그리 할 수가 없는 것이다. 나는 언제나 미리 용서하고, 그들과 결합되어 있는 것이다. 그런 일은 아주 외적인 일뿐만 아니라, 가장 내면적인 자유의 영역에서도 그러하다. 실태가 그러하나 어쩌겠는가. 만일 내가 행여 이런 실태를 휘젓기라도 한다면, 그 결과는 아주 좋지 않으리라.

"선하신 하느님 그리고 그분의 아름다운 세상"

1942년 5월

Mediatrix omnium gratiarum(모든 은총의 중개자): 그리스도교를 안에서 바라보면 우리는 언제나 놀라게 된다. 그리스도교를 어떻게든 하나의 문장으로 표현했다고 여기는 바로 그 순간 갑자기 모든 것이 달리 보인다. 고요한 오늘의 이 축제. 하느님의 은총이 한 어머니의 손에 맡겨져 있다는 것. 모든 법적이고 딱딱한 것들이 부드러워지고 변화되지 않는가. 마치 하느님 안에서 구원의 의지가 하느님 자신을 능가하고 있는 것처럼 보인다. 어머니는 인색하지 않다. 어머니들이 건강하고 진실할 때, 그들은 어디서나 항상 아이를 위해 있다. 모든 것이 상실되고 좌절된 경우에서도 그러하지 않은가. 자애로우신 성모님을 경험하는 것, 그것이 이번 달에 경험한 은총이다. 성모님은 많은 것을 질서 있게 유지하고, 많은 것에 질서를 부여하신다⋯⋯.

⋯⋯ 허영심은 살인자이다. 허영심은 가장 진정한 내적인 비상(飛翔)을 죽인다. 진솔한 갈망을, 최선의 의도를 망쳐 버린다. 우리가 실제로든 또는 그렇다고 여길 뿐이든 선한 행동 또는 선한 생각을 하면서 자기도 모르게 자기를 반영시키고 있었음을 갑자기 들키게 된다면 매우 역겨운 느낌을 맛보게 될 것이다. 허영심의 소유자가 간헐적으로 자기 자신에서 염증을 느끼게 되는 것은 아마도 당연한 일인지도 모른다. 한 사람의 능력 여하에 달려 있는 것이 전혀 아니라는 사실을, 우리는 양손이 모두 잘라져 없어진, 근본적으로 무능한 존재라는 사실을 다시 한 번 깨닫게 되기까지는 내심과 밖으로 나타난 행위가 함께 작용한다고 여기는 그런 허황된 마음이 계속될 것이다. 그러다가도 불구가 된 손을 모아 주님이신 하느님께 향한다면 우리는 다시 한 번 온전히 사용할 수 있는 손을 얻게 될 것이다. 우리 모두는 이 시대의 정신에 사로잡혀 자신에 대해 완전히 자신만만하고 자기 자신에 도취되어 자신의 모든 것을 과대평가한다. 우리

휴가 중인 알프레드 델프 신부

산 정상 십자가 아래의 알프레드 델프 신부(체포 전의 마지막 촬영)

는 더 이상 무릎을 꿇을 줄 모르고, 열린 마음이 무엇인지, 들을 귀가 무엇인지 모르고 있다. 그렇기 때문에 모든 것이 토르소로 남게 된다. 또는 본래 하고자 했던 것, 시작했던 것이 정반대의 끔찍한 결과를 낳고 마는 것이다…….

…… 우리는 인간으로서 아주 별난 어려운 상황에 처하게 될 수 있다. 우리가 말로 표현할 수 없는 내적으로 실재하는 현상들이 있다. 이런 현상들에 대해 어떤 말로 하든 어떤 몸짓으로 표현하든 그것은 모두 틀린 것이 되거나 이미 다른 것을 의미하기 때문이다. 내적으로 형제자매같이 느끼는 사람에게 이런 감정을 나는 도대체 어떻게 말해야 하는가? 어떻게 내가 그에게 이것을 말하거나 가리킬 수 있단 말인가? 형제애에서 나오는 말, 손짓, 모든 몸짓은 동시에 그리고 일반적 의미로 우선은 다른 것을 위한 말과 몸짓이다. 어쩌면 영혼들은 서로 그들의 언어를 배우게 될지 모르겠다…….

1942년 6월

6월에 들어와 나는 내적으로 '호기심'에 차 있다! 6월은 언제나 내면적인 대화의 달이었던 것이다. 하느님과 우리 자신 사이의 이런 실제적인 주고받음이 또다시 깊이 느껴진다는 것은 아주 좋은 증좌이다…….

오늘 만난 사람들

대학생: 보기 드물게 깨어 있는, 내적으로 자신감에 차 있는 사람. 침착하게 판단하는 이 능력. 그러면서도 질문을 던지려 하고, 해답을 구하려는 보이지 않는 이 흥분, 이 흥분을 숨기려 하지만 숨기지 못한다. 그가 한 모든 말들이 담고 있는 그 다의성. 나는 의식적으로 표면적인 의미에 머물렀고, 알맹이 없는 대답으로 일관했다. 그 대신 마지막에 멋진 한마

디가 떠올랐다. 'presto'(서둘러 끝내자), 모든 것을 드러나게 한 이 한마디…….

아무개 박사 댁에서: 더 이상 가지 않는 것이 좋겠다. 나는 있는 그대로의 내 자신을 감추고서 '친구'로 행세할 수가 없다. 나는 내 모습 그대로 올 수 있을 때에만 오겠다는 말까지 그에게 했다. 이 사람들은 선의를 지닌 올바른 사람들이고, 서로 간에 좋은 관계를 가지고 있다. 그러나 그 밖의 일에는 전혀 관심이 없다. 또는 있다 해도 모든 것을 자기들의 관점에서만 본다. 어떻게 그들과 인격적 삶을 나눌 수 있겠는가? 끔찍하게 가족을 위하는 것은 좋다. 그러나 그것만으로 머문다면 그러한 가족은 훌륭한 무덤이 될 것이다.

X 씨와의 관계, Y 박사와의 대화, 그리고 다른 많은 것들이 우리는 우리 삶의 특수성으로 인해 여러 가지 면에서 '시민권을 박탈당한' 사람들이라는 것을 다시 한 번 깨닫게 만든다. 사제관에서 누리는 안정감과 축복받은 시민적 삶, 그것마저도 우리가 있을 공간이 아니다. 그러하기 때문에 그곳에서도 따지고 보면 우리는 전혀 이해되지 못하는 존재이다. 뿐만 아니라 경우에 따라서는 단지 방해만 하고, 불편만 끼치는 존재인 것이다. 나는 보편성과 전체성을 더 많이 강조해야 하고, 구체적인 일에는 가능한 한 빠져야만 하는 것이다.

1943년 1월

인간관계: 이 관계는 언제나 수수께끼이다. 아니, 보다 적절히 표현하자면 신비로 남아 있을 수밖에 없다. 사람들이 오가며 맺는 관계와 얽히고설킨 그물은 밝히 드러나지 않는다. 아마도 드러날 수 없는 성질의 것이리라. 'Individuum est ineffabile.'(개인은 표현될 수 없다.) 여기에 그 근거가 있다 하겠다. 사람은 본질적으로 무엇인가. 나, 그 사람, 모든 이

들, 그것은 궁극적으로 언표(言表)될 수가 없는 것이다. 적어도 나에게는 그렇다. 나에 관해서도, 그리고 물론 타인에 관해서도 서술할 수가 없다. 우리가 한 인간과 가까이 관계를 맺을 때 갖게 되는 태도는 항상 존중심과 커다란 경외심에 기초해야 할 것이다. 인간이 얼마나 심하게 서로에 대해서 혹은 서로의 관계 안에서 함께 무너지고, 얼마나 자주 서로를 파괴하고 상처 입히고, 서로 빼앗고 혹은 짓밟아 버리는가. 오늘날은 적대적 인간의 시대이다. 오늘날의 인간은 자신이 갖고 있는 선한 비밀에 대해서 또는 악한 비밀에 관해서 아무것도 알지 못한다. 그러기에 오늘날의 인간은 다른 사람들과 무슨 일도 시작할 수 없는 것이다……

사람을 신뢰할 수 있도록 힘을 실어 주는 사람이 거의 없다. 우리 모두가 병들어 있다는 사실에 나는 점점 익숙해지고 있다. 우리 모두가 욕심이 생기고, 남의 것을 강탈하고 싶어지는 것은 나쁜 일이나 분명 하나의 사실이다. 이 나쁜 사실로 인해 우리는 크게 뉘우치게 될 것이다…….

Z 박사와의 대화 후: 우리에게 선의가 없으면 설사 우리가 정당하더라도 타인에게 항상 불의를 행하게 된다. 이 점에 있어서 나의 도량은 너무나 작았다. 한 사람의 일을 다룰 때 자기 자신의 이해관계로부터 출발해서는 안 된다…….

나는 Y 박사와 왜 잘 지내지 못하는가? 그는 왜 내가 자기를 신뢰하지 않는다고, 내가 많은 것을 숨긴다고 항상 불평하는가? 나는 나의 마음을 닫았고 아직도 그렇다고 그에게 말했다. 그러나 문제는 더 깊이 뿌리박혀 있다고 생각한다. 우리는 하느님에 대해 서로 달리 생각하고 있다. 인간이 하느님과 지속적으로 나누는 대화, 그러는 가운데 인간이 변하며 또 종종 다른 사람이 되는 그런 신비스런 대화에 대해서 그는 어떤 것도 이해하지 않는다. 그리고 그 안에서 많은 것이 해결되고, 그리하고 나서 밝혀져야 할 어떤 대화도 더 이상 필요치 않는 그런 대화를 그는 모른다.

"선하신 하느님 그리고 그분의 아름다운 세상" 41

하느님과 함께 하는 인간은 하느님과 함께 하지 않는 인간보다 더 실제적이다. 같은 하느님을 사랑하는 사람들만이 결국 서로를 이해할 수 있는 것이다.

1943년 5월

…… 번개와 같은 순간들이 있다. 그러한 순간들이 우리를 특징짓는다. 그때부터 우리는 징표들을 지니고 있는 것이다. 이 징표들 모두가 선하신 분, 권능 있으신 분, 곧 하느님을 증거하고자 한다. 눈물과 상처, 약함과 선한 의지, 신뢰와 역경, 이 모든 것들이 우리에게 더 나아가라고, 자라나라고, 커지라고 외친다. 하느님의 결실이 되기까지, 이 생명의 넓은 벌판이…….

…… 산에 갔다. 그곳에서 주 하느님의 세계 속으로 한없이 몸을 비벼대며 뒹굴었다. 아주 좋았다. 다시 곧 가리라. 정말로 아름다웠다. 많은 광경들이 뇌리에 남을 것이다. 산 정상에 섰을 때 우리 주위에 끝없이 펼쳐 있는 하느님의 세계와 인간의 세계. 그 순간 나에게 한 사명감이 떠올랐다. 그것은 원래 내게 주어진, 축복하고 치료하라는, 계속 축복하고 치료하라는 사명이다. 나는 큰 축복의 기도를 했다. 그리하고 나서 모든 나라, 모든 민족에게 하느님의 축복을 전했다…….

…… 나의 누이: 그녀는 그녀가 겪은 그 많은 역경들을 지닌 채 우리와 함께 있었다. 한 가지만 말하자. 그녀가 처음으로 어려운 처지에 있었을 때다. 그것은 언젠가 한번 닥쳐와서는 계속 반복되는 상황이었다. 앞으로 어찌해야 할지 모를 판이었다. 누군가가 그러한 역경에서 뛰어내릴 수 있게 그녀에게 손을 내밀어 도와주려 했다. 그녀의 거부. 아니에요. 나 혼자 해내야 해요. 이 혼자라는 것, 이것이 바로 우리 인간의 힘인 동시에 우리 인간이 겪게 되는 어려움이다. 홀로 결정한다는 자유를 소유하는

것, 이 소중한, 피로 얼룩진 자유의 소유가 심지어 오빠가 도와주려는 경우마저도 빼앗길 위험을 당한다고 생각하는 것이다.

…… 지금 나는 다시 즐기고 있다. 저녁이면 그렇게도 잔잔한, 황혼에 물든 호수에 다시 와 있다. 햇볕이 비출 때 수영을 하고, 그런 다음 돛단배를 타고서는 아무런 구애받지 않고, 조용히 단지 자연에 몸을 맡기고 물 가는대로 떠다닌다. 아, 그리고 나면 많은 것이 잊히고, 지나가 버린다. 그리고 가슴은 다시 큰 숨을 쉰다. 선하신 하느님, 그리고 그분의 아름다운 세상.

…… 모든 위대하고 아름다운 것은 그 자체로 항상 어떤 놀라운 것, 경이로운 것이라는 플라톤의 오래된 문장을 나는 믿는다. 그렇기 때문에 우리는 모든 진짜 경험과 만남 안에서 더욱 우리 자신이 되고, 그 안에서 우리 자신을 초월하는 것이다…….

…… 지금, 결실이 익어 가는 이 한여름이 너무나도 좋다. 벌판으로부터 크고 작은 낫질 소리가 매혹적인 노래로 들려온다. 익어 가는 벌판과 결실 그 자체를 나는 아주 좋아한다. 언젠가 틀림없이 우리 삶의 의미가 익어 가고, 잘려지고 그리고 창고에 쌓이게 될 것이다. 세상은 선함과 아름다움으로 가득 차 있다. 그것은 다름 아닌 세상에 모든 것을 주신 하느님의 선함과 아름다움이다…….

1943년 7월

목가적인 삶이 나를 유혹하였다. 한 시간 내내 풀을 깎았더니 손에 온통 물집이 잡혔고, 도회지 생활에 익숙한 두 팔이 온통 저렸다. 그렇지만 좋았다. 팔을 넓게 휘둘러야 하는 이런 생산적인 운동은 아주 독특하고, 의미 있는 리듬이다. 어쩐지 삶의 의미와 관련된 리듬이다. 깨어 있으라, 그리고 즐거운 마음으로, 낙관하며 살라. 그리고 가끔 나를 위해 짤막하게 기도하라. 너희 위해 나 또한 그리하리라. 여기 성모님 앞에서는 기도하기가 좋다. 그리고 소리 없이 작용하는 자연의 힘들과 직접적으로 만나게 될 때 또한 그러하다. 가슴속으로 파고드는 이 광희(狂喜)로운 자연의 힘, 그것은 주님을 예감케 한다. 그것은 주님의 반영이다. 모든 것이 하나로 연결되어 있다. 하느님의 한 말씀이 일단 모든 것을 의미하고, 모든 것을 존재하게 하고, 포용하고 그리고 동시에 모든 것을 중심에 다시 세운다면, 그것은 우리의 현존재의 위대하고 충만한 순간이 될 것이다. 나는 최소한 이러한 것을 알면서 죽을 것이다. 그것이 나에게 미리 주어지지 않는다 해도.

비밀경찰의 폭력 속에서

지하에서 오는 도움들

매를 두들겨 맞고

모든 길에 하느님의 힘이 함께 한다

투쟁 동지에 대한 추모

희생은 희망을 강하게 만든다

백척간두에서

감옥 건물이 폭격 당하다

최종서원 - Vincula amoris(사랑의 사슬)

재판을 기다리며

성탄과 연말연시

1944년 7월 28일에 있었던 알프레드 신부의 체포에 관한 보고서

뮌헨 보겐하우젠에 있는 성 게오르그 성당과 사제관(성혈 본당에 속해 있음)이 심하게 폭격을 받았고, 그 여파로 사제관의 부속 건물인 창고가 무너져 내렸다. 무너진 창고 안에는 원고, 편지 그리고 그 밖에 다른 서류들이 묶여진 채로 담겨 있는 한 상자가 있었는데, 그것은 비밀경찰(Gestapo)의 손에 넘어가서는 안 될 성질의 것들이었다. 이것들은 습기에 젖어 있었고, 어느 정도는 곰팡이가 서려 있었기 때문에 나는 그것을 말리기 위해서 집에 가지고 갔다. 이제 그것들을 여기보다 훨씬 더 안전한 곳에 보관해야만 하는 일을 더 이상 미룰 수 없는 상황이었다. 어떤 종류의 공격이라도 새로운 위험을 의미하기 때문이다. 델프 신부는 이것을 성당 옆에 다시 묻을 계획이다. 7월 27일 우리는 이 일에 대해 다시 한 번 이야기를 나누었다. 내가 다음 날 8시 30분 미사에 왔을 때, 성 게오르그 성당에 있는 공동묘지 앞에 - 아주 이상스럽게도 - 회색 승용차 한 대가 기다리고 있었다. 성당의 뒤편에는 우리와 함께 미사를 보지 않은 것이 아주 확실해 보이는 두 남자가 서 있었다. 그날 미사는 성령께 봉헌된 미사였다. 미사 후 나는 글을 써야 할 일이 있어 곧바로 사제관으로 돌아왔다. 미사 후 델프 신부는 흔히 오랫동안 신자들과 함께 있곤 했다. 마지막 감사 인사가 끝난 다음에도 몇 명의 신자들이 자주 그를 붙들어 놓고 이야기를 나누고자 했던 것이다. 그날은 그것이 유난히도 오래 걸렸다. 그런데 갑자기 델프 신부가 얼굴이 하얗게 질린 채 안으로 들어와서 창문을 닫고는 "우리만 있도록 밖에 나가 주시겠습니까?"라고 말했다.

바로 전에 미사에 참석한 사람들과는 확연히 구분되었던 그 두 남자가 그와 함께 있었다. 나는 결코 좋은 일이 아닐 것이라는 예감과 함께 무너진 잔해를 치울 생각으로 정원으로 나왔다. 우리는 그 주간 내내 그 일로 시간을 보내고 있었다. 본당의 교인 한 명인가 또는 두 명인가 일을 도와주었다. 견디기 힘든 아주 무거운 분위기였다. 우리의 마음과 머리는 온통 근심으로 가득했다. 아주 오랫동안이라고 느껴진 시간이 흐른 후에 – 하지만 그것은 추측컨대 불과 15분 정도였다 – 델프 신부가 외투를 입고 나왔다. 그는 창백하였고 절망스럽게 보였다. 그는 나에게 격양되었으나 낮은 목소리로, 우리가 전에 들었던 것과는 완전히 다른 톤으로 "저는 체포되었습니다. 하느님이 여러분을 지켜 주시기를, 안녕히 계십시오."라고 말했다. 그런 다음 낯선 두 남자는 그를 자동차로 데려갔다.

그날은 햇빛이 눈부시게 빛나는 맑은 날이었다. 눈앞에서 벌어진 이 모든 일이 너무나도 사실이 아닌 듯하여 그것을 우리는 이해할 수 없었다. 델프 신부가 심하게 앓고 난 후 그를 성실히 간호했고 어머니처럼 돌봐주었던 빈센트회 소속의 수녀가 문에서 흐느끼며 서 있었다. 그가 그녀에게 곧 떠나야 한다고 말하자, 그녀는 신속하게 아침 식사를 준비하였고, 그는 성급하게 식사를 시작하였지만 곧바로 그만둘 수밖에 없었다. 그러는 사이에 수녀는 그에게 가장 필요한 것들을 싸서 주었다. 나중에 우리는 그에게 주기 위해 실내화 한 켤레, 의약품과 약간의 옷을 더 준비하여 비밀경찰 건물로 가져갔다. 그러나 며칠 후 두 번째로 물건 몇 가지를 건네주러 갔을 때 그는 이미 떠나고 없었다. 그가 어디로 호송되었는지 우리는 전혀 알 수 없었다.

보겐하우젠 시내는 커다란 슬픔에 잠겨 있었다. 게오르그 성당 안, 예수님이 고문당한 기둥 앞과 마리아께 봉헌된 제대 위에서는 꺼지지 않고 계속해서 초가 봉헌되어 타고 있었다. 예전에 사제관 현관에서 델프 신부의 안부를 묻곤 하던 사람들이 이제는 시도 때도 없이 성당에 와서 기도했다.

뮌헨 보겐하우젠에 있는 성 게오르그 성당

30.9.44.

Strafgefängnis Berlin-Tegel Gefgs. I

Name: Delp   Vorname: Alfred

                                                           Abt.:
Zug.-L. Nr.   Kass.-B. Nr.   Zelle:

Ihr guten Leute,

herzlichen Dank für die mütterliche Besorgg meiner Wäsche, das hätten wir auch nicht gedacht, daß die Frauenbekanntschaft solche Früchte tragen müßte. – Bitte besorgt mir, wenn es geht, ein paar ganze Tücher und eine Kopfbedeckung*), damit ich auch bei Regen in die tägliche Freistunde halten kann. –

Grüße an meine Mutter und nach München, und die Ulti täglich an ihr Wort erinnern, das muß sie jetzt halten. Euch allen Gutes und herzlichen Dank

Alfred Delp

×) Größe 54-55.   l.w.

감옥에서 검열을 통과한 델프 신부의 유일한 편지

한 베를린 시민의 일기에서5)

1944년 8월 1일
베드로의 구속 기념일

매일 아침 우리는 묻는다. 지난밤엔 몇 명이 또 포승줄에 묶였을까? 오늘은 누가 체포될 것인가? 초대 교회의 그리스도인들처럼 우리는 이제 '끊임없이' 감옥에 갇힌 신앙의 동지들을 위해 기도해야 한다. 예전에 베드로에게 한 번 일어났던 것처럼 그들을 구출하기 위해 어떤 천사도 오지는 않겠지만, 그래도 그들에게 하느님의 도우심이 임할 것이다.

1944년 8월 7일

오늘 오전에 한 신사가 나의 사무실로 찾아왔다. 우선 부탁하는 말이 자신을 소개할 수 없음을 양해해 달라는 것이었다. 혹시 첩보원은 아닐까?

"델프 신부님이 7월 28일 뮌헨에서 체포되어 오늘 베를린으로 송치되었습니다."

결국 거기까지 갔구나! 낯선 이 사람이 왜 하필 나에게 이 소식을 전할까?

"델프 신부님이 체포되기 8일쯤 전에 나에게 말씀하시기를 '만약 나에게 베를린과 관련되어 어떤 비상사태가 발생하면 아무개(그는 나의 이름과 나의 사무실 주소를 말했다.)를 찾아가서 나의 인사를 전하고 나의 긴급 상황을 그에게 말하시오.'라고 말씀하셨습니다."

이렇게 말하고서 자신은 일주일에 두 번 업무차 뮌헨에서 베를린에 온다고 덧붙였다. 당시에 그는 델프 신부에게 발생하게 될 베를린과 관련된 비상사태가 어떠한 것인지 알 수가 없었지만 더 이상 자세한 것을 묻지

---

5) Ehrle, 『Licht ueber dem Abgrund』(심연 위에 비친 빛)에서 인용했음. Herder 출판사의 친절한 허락으로 인용함.

않았다는 것이다. 바로 그 짧은 대화를 나눈 지 얼마 되지 않아 그는 델프 신부의 체포 소식을 들었다는 것이다. 그는 어제 베를린 행 장거리 급행기차에서 두 명의 비밀경찰 간부들에게 호송되어 가는 델프 신부를 보았다는 것이다. 그는 역사의 정지선에 있는 하나밖에 없는 통로에서 그를 기다렸는데, 델프 신부가 지나가면서 낮은 목소리로 나의 이름을 언급한 다음, 그가 제대로 이해했다면 '가방'이라고 말했다는 것이다. 그가 첩보원인지 아닌지 여하간에, 나는 어떠한 놀라운 기색도 내보이지 않았다. 차분하게 나는 고맙다고 말하고, 남독일에 있는 델프 신부의 어머니께 이 소식을 전하겠노라고 약속했다. 또한 감옥에 있는 델프 신부에게 옷가지를 가져가겠노라고 말했다. "그가 '가방'이라고 말했을 때, 분명 이것을 의미했을 것입니다."라고 나는 덧붙였다. 이 사람이 혹시 나의 조심스러워함을 눈치 채진 않았을까?

그가 전한 소식이 사실이라면 그것은 우리에게 어려운 과제를 의미한다. 하지만 이것이 거짓이라면 그것은 우리를 붙잡으려는 올가미일 수도 있다. 이 모든 우려에도 불구하고 가방 문제 때문에 서두를 필요가 있었다. 마리-안네가 전화상으로 곧바로 모든 것을 이해한 것은 천만다행이었다. 우리들 사이에 개인 암호의 기능이 아주 좋네! 우리 두 사람은 즉시 델프 신부가 중요한 문서를 보관하고 있는 그 특정한 가방을 기억했다. 1943년 뮌헨에서 나눈 대화 가운데 그 가방이 한 번 언급되었던 것이다. 이제 이 가방이 추격꾼들의 손아귀에 떨어져서는 안 된다. 그런데 도대체 어디에 그 가방이 있단 말일까? 누가 그 존재에 관해 알고 있을까? 우리는 과감히 전보를 보내기로 결정했다.

"잘 도착했음, 유감스럽게도 가방을 잊어버렸음, 막스."

뮌헨에 있는 루트는 이 가명을 알고 있다. 그녀는 그를 위해서 정말로 많은 글을 썼다. 그녀가 모든 것을 파악할 것임을 희망한다. 아직 늦지는 않았을까? 이 전보 때문에 루트에게 위험이 닥치지는 않을까? 그녀의 일거수일투족이 모조리 감시당하고 있는 것은 분명하다. 하지만 모험하지 않는 사람은 결코 승리할 수가 없는 법이다. 델프 신부와 그의 친구들은 훨씬 더 과감하게 행동하지 않았던가.

1944년 8월 10일
성 라우렌시오 축일

하느님께 감사! 루트가 야간 급행열차를 타고 도착했다. 전보가 때맞춰 도착했던 것이다. 모든 것이 제대로 해결되었다. 어떻게 그게 가능했는지 우리는 묻지 않는다. 이런 시절엔 모르는 것이 오히려 더 낫다. 그 의심스런 방문자는 첩자가 아니었다. 루트는 옷가지와 생활필수품이 든 가방을 가져왔다. 그 안에 그녀는 모든 것을 챙겨 넣었다. 책과 담배, 약품 등등. 델프 신부를 돌보려는 우리를 그녀는 열성적이고 주도면밀하게 도울 것이다. 우리는 이제 그를 어디에선가 찾을 수 있기를 희망한다. 모든 것이 1935년보다도 훨씬 더 어렵고 위험하다. 당시엔 감옥에 있는 사람들을 위한 여러 가지 종류의 도움이 가능했었다. 이번 역시도 도움을 주는 것으로 시작하고, 모든 단계마다 면밀히 숙고해야 한다. 그리고 가장 중요한 것은 '주 하느님의 도움을 믿는 것이다.

1944년 8월 13일

우리가 직접 제국안전기획처, 즉 비밀경찰의 본부에 가서 문의하지 않고서는 델프 신부를 찾는다는 것이 불가능해 보인다. 그러나 진지한 사람들은 이처럼 첨예화된 상황에서 사적으로 문의하는 것을 극도로 경계했다. 많은 여성들이 이미 정보 공유자로 혹은 '연좌제'로 비밀경찰에 체포되었다. 극도로 조심하고 숙고한다 하더라도, 우리는 델프 신부를 찾아야만 한다. 우리가 그를 걱정하고 있다는 것을 그가 알고 있어야만 한다.

밖에서 오는 그런 신호는 특히 구류 기간 초반기에 수감된 사람에게 큰 힘이 되는 것이다.

1944년 8월 14일

"방방곡곡 온 나라가 폭력의 현장이로구나!"

델프 신부를 찾으러 나선 나에게 오늘 계속이 말이 떠올랐다. 극도의 신경전, 그러나 — 하느님께 감사! — 우리는 그를 찾아내고야 말았다!

이른 아침부터 오후까지 나는 한 비밀경찰 지휘소에서 다른 지휘소로 계속해서 '순례'했다. 모두 규모가 큰 곳이었다. 이러한 '낮은 심급'의 관청을 찾는 것이 우리의 목적에 보다 적합하다 여겨졌다. 사람 눈에 훨씬 적게 띄기 때문이다. 그렇지만 아주 위험하지 않은 것은 아니다. 새로 방문하는 지휘소마다 나의 세세한 인적사항이 기록되었다. 그러고는 어디서나 똑같은 질문들을 했다.

"당신은 이 사람을 왜 찾습니까? 도대체 당신은 누구시지요? 당신은 이 사람의 친척입니까? 뮌헨에서 시무하는 한 사제를 여기 베를린에서 찾을 생각을 어떻게 하게 되었지요?"

이런 질문들을 흘려들으면서 나는 짤막하게 답변했다.

"델프 박사의 병드신 어머니가 그녀의 아들에게 옷 좀 가져가 달라고 나에게 부탁했습니다."

이렇게 말하면서 나는 담당하는 사람들을 편안하고, 친근한 표정으로 쳐다보았다. 내가 어머니란 말을 언급할 때마다, 그들의 표정에서 어떤 경미하게 동요하는 감정을 읽을 수 있었다. 혹시 그때 그들은 자신의 어머니를 생각했을까? '아무리 인정사정없는 사람에게도 어머니란 잃어버린 천국에 속하는 영역으로 남아 있다.'는, 델프 신부가 언젠가 한 말이 생각났다……

오전 내내 알아보았으나 허사였다. 어느 누구도 델프 신부를 안다고 말하지 않았다. 어느 누구도 그가 머물고 있는 곳을 알려 주려 하지 않았다. 아니면 그들 모두가 나에게 거짓을 말했을까? 그리하고 나서 나는 마리안네에게 전화를 걸어 좀 기죽은 소리로 사정을 알렸다. 그녀는 마지막으로 마인에케 거리에 있는 지휘소에 가보라고 조언했다. 거기에서 '가톨릭 사건들'이 다루어지고 있다는 것이다. 드디어 나는 거기서 행운을 얻었다. 먼저 친절한 나이 든 여자 문지기를 만났다.

"당신은 외부에서 온 가톨릭 신부를 찾고 있지요? 그가 여기서 반델로프 씨에 의해 조사받고 있다는 것이 확실해요."

이 얼마나 기쁜 일인가, 이 '폭력의 도시'에서 이런 사람을 만날 줄이야. 반델로프 씨는 자리에 없었다. 그의 사무실에서도 그가 있는 곳을 모르고 있었다. 그러나 이 친절한 정문지기 부인은 그를 결국 찾도록 도와주었다. 어두침침한 복도에서 그를 만나게 되었다. 나는 그의 이름을 대면서, 유도적으로 물었다.

"반델로프 씨, 당신이 뮌헨에서 온 델프 박사를 조사하고 있지요?"

그는 움찔한다. 얼굴이 창백해진다. 그래, 이제 제대로 찾았구나! 이런 사람들은 양심에 찔리는 뭔가를 가지고 있음에 틀림없지. 이런 사람들은 누군가 자기 이름을 알고 있다는 사실에 하얗게 질려 버린다. 나는 그에게 델프 신부 어머니의 간청을 전했다. 잠시 머뭇거린 후 그는 "옷가지들은 정해진 내규를 통해서 감옥에 있는 박사에게 보내라"고 제안했다. 나는 그 제안을 받아들이지 않았다. 옷가지들을 델프 박사에게 직접 전할 수 있도록, 뿐만 아니라 생필품도 함께, 그리고 오늘뿐만 아니라 일주일에 한 번은 그렇게 할 수 있도록 해달라고 사정했다. 그러고는 "델프 박사의 어머니가 나에게 쓴 편지에서 그가 병들어 있다고 하였습니다."라고 말했다. 처음엔 완강하게 거부하다가, 어떻게 해서인지 모르지만 결국은

비밀경찰의 폭력 속에서 55

누그러져서 그는 이 모든 것을 허락하고야 말았다. 그러고 나서 그는 또렷치 않게 거리의 이름과 번지수를 말해 주었다. 거기에 델프 박사가 있다는 것이다. 나는 레르터 거리 3번지로 알아들었다. 저녁 무렵에 우리는 바로 얼마 전 레르터 거리 3번지에 비밀경찰의 감옥이 생겼다는 사실을 알게 되었다. 이제 이것을 알게 되었으니 얼마나 감사한 일인가!

지하에서 오는 도움들

한 베를린 시민의 일기에서

1944년 8월 15일

성모 승천 대축일

이건 분명 좋은 조짐이다. 레르터 거리에 있는 감옥을 처음 방문한 것이 바로 성모님 축일인 것이다. 이미 전차에서 중앙에 높은 망루가 있는 회색 큰 건물이, 별 모양으로 배치된 집들이, 격자무늬의 많은 창들이 보인다. 밖에서는 이 감옥이 얼마나 심하게 폭격으로 손상되었는지 볼 수가 없다. 정문에서 내부 입구까지의 길고 컴컴한 복도, 좌우에는 불에 타버린 독방들. 소름끼치는 인상이다. 내부 복도가 시작되는 큰 문을 늙은 간수가 열면서 "바로 좌측 뒤편이 게쉬타포 사무실입니다."라고 말한다. [나는 그때만 해도 큰 문을 통해서 감옥 내부의 '끝까지' 들어갈 수 있었다. 나중엔 그것이 허락되지 않았다. 여자들은 폭탄 세례를 받은 긴 복도에서 기다려야 했다.]6)

나의 민첩한 눈길에 세 개의 긴 복도가 보였다. 모든 감방의 문은 아래에서 위로 연결된, 쇠로 된 나선형 계단 위의 좁은 전망형 옥탑에서 관찰

---

6) 대괄호 안의 내용은 편집자의 주해로 나중에 추가 삽입된 것이다.

할 수 있도록 향해 있다. 이로써 한 곳에서 감옥 전체를 조망할 수 있고, 모든 움직임이 쉽게 관찰될 수 있는 것이다.

두근거리는 마음으로 예전에는 간수 방으로 쓰였던 게쉬타포 사무실에 이르렀다. 한 친위대 대원이 – 제복으로 볼 때 높은 지위에 있는 것처럼 보였다 – 놀라운 표정으로 나를 냉정하게 맞이했다. 많은 사람들은 그의 굴 속까지 감히 들어오지 못하기 때문일까? 내가 그에게 마인에케 거리의 반델로프 경감의 이름을 말하자, 그는 망설임 없이 델프 신부를 위해 가져온 옷가지와 조리된 빵들을 건네받는다. 성무일도서는 냉소적으로 다시 돌려주면서, "그 신부란 자 아주 박식하고 아주 영리합니다. 그는 이 책 전체를 끝까지 암기해서 술술 나불댈 수 있을 거요." 하고 말했다. 그는 물건 꾸러미를 자세히 살피고 나서는 어느 한 사람에게 "313호에게."라고 명령하면서 건넸다.

나는 세탁할 빨래를 갖고 가게 좀 기다릴 수 있도록 해달라고 부탁하였다. 그러자 이 비밀경찰 간부는 표가 나도록 깜짝 놀라는 눈치였다. 델프 신부가 정말로 이곳에 있는지 확실히 알려고 하는 나의 숨은 의도를 간파했기 때문이었을까?

나는 몇 개비의 담배를 건넴으로써 그의 저항심을 가라앉힌다. 처음으로 하는 이 작은 뇌물 행위가 내게는 매우 어려웠다. 우리는 뇌물 행위에 익숙하지 못하다. 잠시 후에 사환(보조간수로 일하는 죄수)이 313호가 전하는 인사와 함께 빨랫감을 가져왔다. 돌아가면서 내가 "다음 주에 다시 뵙겠습니다!"라고 말하자, 그 강력자는 "전쟁터에 있는 군인들도 매주 옷을 갈아입을 순 없소."라며 투덜댔다.

"그렇죠. 당신 말이 맞아요. 안타깝게도 그럴 수 없지요. 그렇지만 우리 여성들이 생각할 때는 전쟁터의 군인 남성들도 지저분하게 있을 필요가 없다고 봐요. 그래요. 이 전쟁 전체가 무슨 소용이 있어요!"

이 '전쟁무용론'이 그를 당황하게 만들었다. 작별 인사는 첫 인사보다 친절했다. 어떤 두려움도 보이지 않는 것은 잘한 일이었다. 짖는 개는 아무 두려움 없이 단호하게 상대하면 꼬리를 내린다는 사실이 그때 문득 떠올랐다.

1944년 8월 16일

어제 저녁 우리는 델프 신부에게서 받은 빨랫감을 자세히 살펴보았다. 셔츠 깃에도, 손수건의 여백에도 어떤 글자 하나, 어떤 쪽지 하나 없었다. 빨래 교환이 아마 너무 갑자기 이루어져서일까? 아니면 이런 의사소통의 가능성을 전혀 모르고 있는 것일까? 그 대신에 우리는 셔츠 뒷면에서 최근의 핏자국을 발견했다. 이를 미루어 볼 때 델프 신부는 얼마 전에 매를 맞았을 것이다. 소름끼치는 일이다! 그러니까 그는 원래 뮌헨에서 그의 장엄허원을 발하기로 되어 있었던 축일에 ― 성모승천을 통해서 인간의 몸이 놀랍게도 거룩하게 되는 바로 그 축일에 ― 감옥의 독방에서 피가 터지도록 맞고 있었다니……. 그러나 우리는 발견된 핏자국에 관해서는 어떤 것도, 누구에게도 결코 말해서는 안 된다……. 그렇게 할 경우 어쨌건 델프 신부와 우리는 위험에 처해질 것이다. 그러나 이 발견은 우리에게 무언가를 말하고 있다. 우리는 더 열심히 이 불쌍한 이를 위해 기도해야만 한다. 우리는 뮌헨의 사람들에게 성 게오르그 성당의 '고문주(拷問柱)에 묶이신 주님' 앞에 초 하나를 켜라고 부탁해야겠다. 그래서 델프 신부가 마지막까지 사목하였던 거룩한 곳, 그곳에서도 그를 위해 더욱 열심히 기도가 드려지게 될 것이다. '고문주에 묶이신 주님'을 ― 채찍 자국으로 얼룩지고, 수많은 상처에서는 피가 터져 나오고, 결박당한 손을 가지신 고초 받으시는 주님을 ― 자신들의 경건한 마음의 표현으로 여겨온 모든 세대들은 고난이 무엇인지나 알 것인가! 지금 우리 눈앞에 고통당하는 주님의 모습이 더욱 선명하다.

1944년 8월 17일

적어도 사제 한 사람은 델프 신부와 모든 가톨릭 수인들을 면회할 수 있어야 되지 않겠는가! 이런 생각을 떨쳐 버릴 수가 없다. 그것이 허용되지 않는다는 것이다. 그렇지만 우리가 해낼 수 있지 않을까? 혹시 비공식적인 방식으로? 어제 오후에 나는 처음으로 모아빗[7]에 계신 나이든 교도소 담당 신부님을 방문하였다. 몸을 사리는 전형적인 관료 타입으로 다가가기가 힘든 사람이었다. 여하튼 우리는 뜻을 이루지 못하였다. 그래서인지 오늘 플뢰첸제[8]에 계신 교도소 담당인 페터 부흐홀쯔 신부는 나를 훨씬 신뢰하는 태도로 맞아 주셨다. 그의 관대한 품성으로 보아 그는 자신이 담당하는 수인들에게 도움이 될 수 있는 일이라면 어떤 시도이든 기쁘게 생각하고 있는 것 같았다. 그는 우리에게 용기를 주시었다. 규칙적인 세탁 교환을 허락받은 것은 성공한 일이고, 그것은 수인들에게 커다란 가치를 지닌다는 것이다. 그것은 육체적으로나 심리적으로나 큰 힘이 된다는 것이다. 그러나 비밀경찰에 붙들린 사람들에게 영적 상담은 엄격히 금지되어 있다는 것이다. 사형 선고를 받은 이에게 접근하는 것조차 허락되지 않는다는 것이다. 이것은 가장 성스러운 인권을 깔아 뭉개는 짓이야! 그렇지만 부흐홀쯔 신부는 모든 것을 시도해 보겠노라고 했다. 비윤리적인 규정들을 피해 가는 것은 인간의 의무요, 그리스도인의 의무라는 것이다. 참으로 맞는 말이다!

1944년 8월 22일

오늘 레르터 거리에 있는 감옥을 다시 방문했을 때 나는 벌써 덜 불안했다. 지난번의 그 강력자 - 나치의 돌격대장인 - 는 나를 즉시 알아보

---

7) 역주: Moabit - 베를린의 유명한 감옥.
8) 역주: Plözensee - 베를린의 테겔(Tegel) 형무소 근방에 있는 호수로 사형수들의 처형 장소.

앉고, 짐 검사를 하면서 '슈툴렌'9)이 잘 만들어졌다고 칭찬하였다. 잘될 거라는 분명한 신호일까? 이번에도 성무일도서는 받아들여지지 않았다. 델프 신부에 대한 나의 안부 인사와 '어머니는 잘 계신다'는 소식을 가지고 갔던 보조간수가 다시 돌아와서 "박사가 안부의 말과 감사하다는 말을 전했습니다. 그가 음식을 아주 맛있게 들었습니다!"라고 전했다. 돌격대 지휘관은 그 사이에 가져온 빨래를 검사했다. 보조간수와 내가 자유스럽게 대화하는 톤이 그를 약간 놀라게 한 것 같았다. 그는 염탐하는 표정으로 우리를 살펴보았지만, 아무 말도 하지 않았다.

기쁘게도 오늘 나는 델프 신부의 동료 신부에게 이 모든 것을 전할 수 있었다. 프란쯔 폰 타텐바흐 신부가 뮌헨에서 온 것이다. 그는 자신의 방문과 도움은 공식적인 것이 아니라, 단지 개인적 차원에서 하는 것이라고 했다. 이것은 이해할 수 있는 일이지만, 그래도 우리에게 그는 예수회를 대리하는 사람이다.

1944년 9월 8일

성모 탄생 축일

"하늘에 계신 우리의 성모님은, 이 지상의 자애로운 어머니들이 기쁜 날에 – 특히 생일과 이름을 부여 받은 날에 – 자녀들에게 하는 것처럼 당신의 자녀들에게 언제나 진정한 기쁨을 선사하시고, 선물을 주신단다. 너희들은 그저 보기만 하면 될 것이야!"

어린이 미사 강론에서 들은 이 이야기는 어린 소녀였던 나에게 매우 큰 감동을 주었다. 나는 그것이 틀림없다는 사실을 자주 경험하였다. 오늘도 마찬가지이다. 델프 신부는 레르터 거리의 감옥 건물이 비좁게 되어 테겔에 있는 감옥으로 옮겨졌다. 테겔에는 큰 장점이 있다. 델프 신부는

---

9) 역주: Stullen – Stollen을 사투리로 발음한 것. 성탄절이나 생일 같은 특별한 때에 가정에서 먹기 위해 건포도를 박아 만든 별미 나는 빵.

그곳에서 훨씬 용이하게 수형 생활을 할 수 있다고 최근에 부흐홀쯔 신부가 나에게 말했다. 나이 든 간수들이 - 비밀경찰대원이 아닌 - 그곳에서 일하는데, 더 친절하리라는 것이다. 수인들은 쇠창살이 있는 감방 창문을 통해서 수령이 오래된 나무들의 끝가지들을 볼 수 있으며, 보다 넓게 하늘과 태양과 달, 그리고 별들도 볼 수 있다고 한다. 또 그들은 새들이 노래하는 소리와 - 변두리인 그곳에는 아직도 새들이 있다 - 형무소에 속한 교회 탑에서 매 15분마다 울리는 탑시계 소리도 들을 수 있다는 것이다. 이 모든 것이 선물이 아니겠는가?

"델프 박사는 '귀하신 분들'이 수감되어 있는 1호동에 있다."는 말을 테겔에서 나는 들었다.

"귀하신 분들이라니?"

"그래요, 백작과 후작들, 고급 장교들, 단체장들, 사업가와 거상들, 박사와 신부들. 모두 7월 20일 사건[10])에 연루된 인사들이죠."

"아마 여기 구금된 모든 사람들을 이제 암살음모와 관련시키겠다는 거군요! 그렇지만 델프 박사는 분명히 그와 전혀 관련이 없습니다."

나는 종종 그에게서 '지금까지 모든 잔혹한 독재자들은 자연사하지 못했다'는 말을 들었다. 그렇게 히틀러에게도 어느 날 그런 종말이 올 것이라는 것이다. 그렇기 때문에 그는 한 순간도 그런 암살 생각을 하지 않았다는 것이다. 그의 걱정과 계획은, 히틀러에 대항해서 온 힘을 다해 저항은 하지만, 오로지 다가올 미래에 관한, 즉 하느님의 법과 인간의 존엄성이 보호받게 되는 새로운 질서의 건설에 관한 일에 있다고 했다. 물론 우직한 간수에게 나는 물론 그런 말을 해주지 않았다.

"수감된 양반들이 맑은 공기를 마시러 나오나요?"

---

10) 역주: 1944년 7월 20일 동 프러시아 소재 히틀러의 작전본부에서 Claus Schenk 대령이 기획한 히틀러 암살 미수 사건. 우편함에 설치한 폭탄의 폭발로 4명의 군인이 사망하고 많은 부상자를 냈으나 히틀러는 경상을 입었다.

"예, 우리는 매일 그들을 30분 간 감옥의 마당으로 안내하지요. 그들은 그것을 '서커스'라 불러요. 그들은 한 사람 뒤에 다른 사람이 뒤따라 연결되어 원을 그리며 돌아야 하기 때문이죠!"

델프 신부가 맑은 공기를 마실 수 있고, 동료 수인들을 볼 수 있으니 얼마나 좋은 일인가! 1호동 작은 대기실 옆에서 나는 '교정 교목실'이라는 문패를 발견했다. 얼마나 기쁜 일인가! 나는 젊은 복음주의 교회 목사 푈샤우 박사를 만났다. 테겔 감옥이 비밀경찰 감옥으로 개조됐음에도 불구하고 그는 그곳에서 자기 집처럼 지낼 수 있었다. 델프 신부에게 우리의 인사를 곧바로 전하겠다고 했다. 그는 모든 수감자들을 돌봐 주고 있는 것 같았다. 우리는 오늘 감사해야 할 많은 이유를 갖게 되었다.

1944년 9월 12일
동정 마리아 성명 기념일

하늘에 계신 성모님은 계속해서 선물하신다! 델프 신부는 그 동안에 성무일도서, 성서와 연구할 수 있는 책들을 받았다. 그리고 그는 오늘 매우 귀중한 선물을 받았다. 오늘 그의 독방에서 거룩한 미사를 봉헌한 것이다. 성물들 없이, 초 없이, 제대포 없이, 제대도 없이 사슬에 묶인 손으로 그는 미사를 올렸다. 모든 교회에서 미사 성제를 드릴 때 사용하는 많은 귀중한 것들보다 이 사슬이 하느님의 눈에는 더욱 가치 있는 것이 아닐까?

1호동의 거의 모든 '귀하신 분들'은 사슬에 묶여 있다. 자유와 인간의 존엄성을 위해 싸운 투사들이 자신들의 몸에 속박의 상징을 차고 있는 것이다. 그러나 – 피로 물든 상처를 봤을 때와 마찬가지로 – 우리는 이 일에 대해 어떤 것도 말해서는 안 된다. 여기 이 모든 사람들은 '완전히 구원받은 이'가 되기 위해서 '완전히 묶인 사람'이 되어야 할 운명이란 말인가?

1944년 9월 14일

성 십자가 현양 축일

"우리는 우리 주님 예수 그리스도의 십자가 안에서 자랑스럽게 생각해야 합니다."

사슬에 묶인 손으로 쓴, 따라서 보통 때보다도 읽기가 훨씬 어려운 필치의, 델프 신부의 첫 문장이 우리 앞에 놓여 있다.

매를 두들겨 맞고

델프 신부가 뮌헨으로 보낸 편지

1944년 9월 초

…… 어느 날 밤, 아마도 8월 15일경이었을 겁니다. 저는 거의 절망적인 상태에 이르렀지요. 매를 흠씬 두들겨 맞고 저녁 늦게 감옥으로 다시 옮겨졌습니다. 수송하는 친위대 대원들이 "확실히 말하건대, 당신은 오늘 밤 잠을 잘 수 없을 거야. 당신은 기도하겠지. 그러나 당신을 구출할 어떤 하느님도, 어떤 천사도 오지 않을 것이야. 그러나 우리는 두 다리 뻗고 잠을 잘 잘 것이고, 내일 아침 일찍 새로운 원기를 얻어 당신을 계속해서 작살내겠지."

비상 사이렌이 울렸을 때 마치 구원받은 느낌이었지요. 그것이 저를 죽이거나, 아니면 탈출을 가능케 하는 폭격이 되리라 생각했지요. 하지만 두 가지 모두 아니었어요. 그리고 저는 이 밤에 앞으로 펼쳐질 매우 불우한 역사의 흐름을 직시하였습니다. 하느님은 저를 세웠습니다. 그 말뜻은 이제 어떤 모습으로든지 이런 흐름에 맞서 대항하라는 것입니다. 계속해서 저는 우리를 받아들이고 안내할 손길을 확고히 신뢰하면서 믿고 있습니다…….

저는 저 자신이 점점 역겨워집니다. 자기 얘기만 늘어놓습니다. 사람이 '환자'가 되면 그렇게 자기중심적으로 되어 가죠. 아, 저는 얼마나 기꺼이 긴급한 상황에 있는 사람들 곁에 있었으면 했던가. 그런데 이제 더 이상 인간이 아니고, 단지 숫자로만 존재합니다. 여기 감옥에선 8동 313호 죄수번호 1142번으로 통합니다. 제가 언제 델프 신부로 다시 불리게 될까요? 여러분은 기적을 믿습니까? 여러분에게 축복이 내리고 하느님의 보호하심이 있기를.

…… 우선 함께 기도하고, 협력해 주시기를 부탁드립니다. '하느님의 문을 힘차게 두드려라' 하고 L은 계속해서 말했습니다. 하느님은 능히 하실 수 있습니다. 오로지 그분만이. 하느님은 원래 그를 믿고 신뢰하는 사람들의 수중에 자신을 내어 주셨습니다. 하느님은 나에게 내적 자유를 느끼는 아름다운 공간을 얻게 하셨습니다. 하느님의 실재는 저에게 이제 점점 더 가까이 그리고 더 깊이 다가옵니다.

게오르그

한 증인의 증언

Die Neue Zeitung(새 신문), 베를린, 1953년 12월 12일

게르스텐마이어가 노이하우스의 재판에서 피고에게 불리한 증언을 하다

금요일 연방의회의 외무위원회 위원장인 위르겐 게르스텐마이어 박사는 증인으로 나와 진술을 강요한 죄로 고발된 전 정부각료이자 국가안전본부의 비밀경찰 습격방비청장이었던 카알 노이하우스 박사의 유죄 사실을 증언했다. 그는 지겐 지방재판소 대법정에서 자기는 소위 '크라이스아우 그룹'의 멤버로서 체포되어 구금생활을 했는데 프린쯔-알브레히트 거리에 있던 베를린 게쉬타포 건물에서 그의 대부분의 동료들이 사형당하는 것을

목격했다고 진술했다.

노이하우스는 자기와 같은 시기에 체포된 라이프찌히 시장 괴르델러 박사에 관한 조서 내용이 사실에 맞는 것으로 자기가 확인해 줄 때까지 자기를 '강도 높게 신문'할 것을 두 차례나 명령하였다는 것이다. 게르스텐마이어는 게쉬타포의 요원 한 명이 노이하우스의 명령에 따라 자기를 사슬로 묶고 지하실로 데리고 간 다음 탁자 위로 끌어 올려놓고 몽둥이로 때렸다고 진술했다. 또 다른 간부는 권총을 꺼내 위협하며 그 옆에 서 있었다고 하였다. 그는 노이하우스가 자기의 뺨을 여러 번 후려치며 위협하면서, 수영복 차림으로 으르렁거리는 경찰견 앞에 가도록 했다고 진술했다. 그 후 노이하우스가 게르스텐마이어의 부인과 아이에게 연좌제를 적용하라는 명령까지 했다는 것이다.

게르스텐마이어는 베를린 테겔에 있는 형무소에서 나중에 교수형을 당한 예수회 델프 신부를 만났는데, 그의 등이 많은 상처로 얼룩져 있었다고 말했다. 델프 신부는 "이것을 노이하우스가 하도록 명령했네."라고 말했다고 진술했다.11)

한 베를린 시민의 일기에서

1944년 9월 15일

고통의 성모 마리아 기념일

오늘은 델프 신부의 생일이다. 37세가 되는 날이다. '성모님이 서 계시네'12)라는 곡을 듣고 있자니 아주 두려운 예감이 들었다. 고향에 계신 어머니와 감옥에 있는 아들에게도 이와 이 비슷한 일이 일어나지 않을까? 십자가에 매달린 주님은 당신을 따라 자신들의 십자가를 짊어진 모든 이

---

11) 편집자 주: 강조 표기는 편집자에 의한 것임.
12) 역주: 'Stabat Mater'라는 비발디의 곡으로서 성모님이 십자가 아래에서 비통히 서 있는 장면을 묘사함.

들을 도와주시겠지? 주님의 어머님, 슬퍼하는 이들을 위로해 주는 분이신 주님의 어머님, 델프 신부를 위로해 주옵소서.

1944년 9월 23일

우리가 레르터 감옥과 테겔 감옥을 방문할 때면 언제나 굉장히 큰 긴장을 느낀다. 우리는 감옥 철창 뒤에 있는 불쌍한 이들을 위해 눈과 귀를 활짝 연다. 대부분의 경우, 도움을 주기 위해서 많은 것을 관찰해야 하고, 많은 것을 숙고해야 한다. 여러 종류의 벌레들이 수인들을 괴롭히고 밤에는 잠을 잘 수 없게 한다. 밝게 빛나는 전구는 항상 끊임없이 나무 침대 위에서 작열한다. 수면제, 걸레(어둡게 하는 데에도 적합하다!)와 해충 박멸제를 몰래 들여보내야 한다. 셔츠 깃 단추가 떨어졌다거나 바지의 멜빵이 없어서(자살 위험 때문에 빼앗겼다.) 수인들은 어깻죽지가 눌리는 듯 늘 엉거주춤 보이기 마련이다. 그렇다고 갈아입을 제대로 된 옷을 넣어줄 순 없기 때문에, 우리는 (빨래한 옷을 돌려줄 때) 깃을 셔츠에 꿰매고 바지에 고무줄을 넣어 준다.

몸 관리에 속하는 모든 것들, 이를테면 면도, 이발, 샤워, 손발톱 손질 등은 가능하다는데, 다만 상당히 오랜 기간이 지나고서야 행해진다고 한다. 그 일을 '담당하는' 이들에게 '특별 뇌물'로 담배를 나눠 주면 이 기간을 단축시킬 수 있다. 이러한 작은 일들이 그 안에서는 커다란 혜택으로 여겨진다.

다음에 소개하는 것은 델프 신부가 베를린의 친구들에게 보낸 편지 가운데 유일하게 검열을 통과한 편지이다. 이 편지로 인해 수취인들은 더욱 엄격한 감시를 받게 될 것을 각오하지 않으면 안 되게 되었다. 그들의 이름이 비밀경찰에게 알려졌음이 분명하기 때문이다. 그 당시 구치소에 구류 중인 수인들은 아직 선고가 내려지지 않았음에도 불구하고 이미 '반역자'로 여겨졌던 것이다.(50쪽의 사진을 참조)

베를린-테겔 형무소 수감등급 I

성: 델프 이름: 알프레드

열 번호: L   동 번호: B   반: 감방:
44년 9월 30일

선하신 분들에게! 제 빨래를 어머니처럼 손봐 주시는 것에 대해 깊은 감사를 드립니다. 함께 휴가를 보낸 인연이 이처럼 커다란 열매를 맺게 될 줄이야 꿈에도 생각하지 못했습니다……. 가능하다면 한 켤레 신발과 모자(사이즈 54-55)를 구해 주시기 바랍니다. 비가 올 때라도 매일의 운동 시간에 사용할 수 있을 것입니다.

제 어머니에게, 그리고 뮌헨(공동체)으로 인사를 전해 주세요. 우르비로 하여금 그녀가 한 말을 매일 기억하도록 해주세요. 그녀는 이제 자기가 한 말을 지켜야 합니다. 모든 이에게 만사형통하시기를 바라고 진심으로 감사를 드립니다.

알프레드 델프

추신: 저는 중요한 일을 잊을 뻔했습니다. 그러니까 저는 국가 재판을 받기 위해 계류 중인 수인으로서 테겔의 형사범 수용소에 있습니다. 저는 저 자신에게조차 이런 일이 있게 될 줄이야 꿈에도 생각 못했습니다. 여러분들이 저를 위해 변호사를 찾아봐야 할 때가 온 것 같습니다. 저는 이곳에 아는 사람이 없습니다. 저는 뮌헨에 있을 때 딕스와 페터 쉬미츠란 변호사 이름을 들은 적이 있습니다. 한번 생각해 보십시오. 선처를 부탁합니다.

모든 것에 감사합니다.

알프레드 델프

한 베를린 시민의 일기에서

1944년 10월 13일

가톨릭 교회의 신부와 개신교의 목사가 델프 신부를 비밀리에 방문했다는 사실이 비밀경찰에 발각되었다! 격렬한 분노를 터뜨리면서 비밀경찰은 그들의 면회를 금지시켰다. 두 성직자들에게 아무런 일도 일어나지 말아야 할 텐데! 델프 신부는 이 만남의 위로를 다시는 받지 못할 것이다.

"그런데 이제 어떻게 제병과 미사주를 그의 감방 안으로 전하지요?" 하는 나의 다급한 물음에 복음주의 교회 목사 하랄드 푈샤우 박사가 즉각 내뱉은 답은 이러했다.

"당신의 '물밑 작전'으로 해결토록 하세요. 그것이 성공치 못하면 내가 당신과 함께 교도소장에게 가겠소. 미사에 쓸 제물은 어찌 됐건 반드시 이 담 안으로 들어와야 합니다."

이 말이 나를 고무시켜 주었다. 우나 상따!(거룩한 일치여!) '물밑 작전'은 선량한 베를린 출신의 나이든 간수장과의 멋진 대화로 시작되었다.

"내가 빨래를 가져다주는 그 델프 박사가 가톨릭 신부인 줄은 아세요?"

"물론이죠. 아주 훌륭한 사람입니다!"

"한 사제가 백성을 위해 그리고 자기 자신을 위해 할 수 있는 가장 위대한, 가장 훌륭한 일이 거룩한 미사를 봉헌하는 일이라는 것을 아세요?"

"아뇨. 그건 몰랐습니다. 그런 미사야 정말로 좋은 것이겠죠. 명주 제의를 입은 목자가 제단에서 그리고 계속해서 무릎을 꿇었다 일어섰다 하는 일. 그리고 수많은 촛불과 향 연기……."

그러면서 이 나이 지긋한 간수는 그에 상응하는 동작을 시현(示現)했다. 아주 우스꽝스러웠지만 그것은 경외심을 가지고 하는 것이었다.

"아니 그런데 도대체 왜 미사에 관한 얘길 하는 거죠? 여기 감옥과 미사가 무슨 상관입니까?"

"당신은 델프 신부를 도와 그가 감방에서 미사를 드릴 수 있도록 해야 합니다. 초와 향, 제의는 필요하지 않으나 제병과 미사주가 꼭 필요해요. 당신이 그에게 매주 그것을 가져다주기만 하면 되는 것입니다."

그는 난처한 듯이 귀 뒤를 긁으면서 말했다. "술은 엄격히 금지되어 있습니다!"

"그렇지만 아주 작은 병의 포도주는 괜찮지요?"

그는 나를 신중하게 쳐다보았는데 아무튼 마음 깊은 곳에 뜻이 전달된 듯했다. 그리하고 나서 그는 모든 것을 받아들이면서 중얼거리기를 "박사님이 미사 중에 발각되지 않도록 하셔야 합니다! 발각되면 저도 함께 날아갑니다. 내 나이 늘그막에 이 교도소에 들어온 이들은 전과는 전혀 다른 죄수들이죠! 그는 밤의 절반은 기도하고, 낮에는 공부하고, 그리고 우리 같은 사람들을 위해 항상 한마디 좋은 말을 잊지 않고 해주지요……."

1944년 10월 15일
성 아빌라의 데레사 축일

미사주와 제병을 반입 받기 위한 새로운 방법에 대해 델프 신부는 매우 기뻐하였다. 간수가 교대하는 아침의 동틀 무렵에 거의 매일 미사를 드리는 것은 그에게 커다란 행복을 선사한다. 이때야말로 발각될 위험이 가장 적은 때이다.

모든 길에 하느님의 힘이 함께 한다

델프 신부가 뮌헨에 보낸 편지

1944년 10월 초

　이것이 고별의 편지가 될지 아닐지 저는 모릅니다. 어찌 될 것인지를 지금 같은 시절엔 알 수 없지 않습니까. 저는 이 글이 여러분들에게 전달될지 아닐지, 또는 전달된다 해도 그것이 언제일지 알지 못한 채, 그러나 '마지막' 인사는 아닌 것으로 여기며 몇 줄 적습니다. 웬 일인지 확실히 살게 되리라, 그리고 새로운 사명을 얻게 되리라는 생각이 듭니다. 물론 인간의 눈으로 보면 그럴 가능성이 거의 없다는 것도 솔직한 생각입니다.

　제가 어떻게 지내고 있냐고요? 이에 관해서는 할 말이 많지 않습니다. 걱정하지 마십시오. 교수대에 가게 된다 하더라도 두려워하지 않으려 노력하고 있습니다. 하느님의 힘이 모든 길에 함께 합니다. 그러나 좀 힘들 때도 있는 게 사실입니다. 게오르그는 몇 시간이나 계속 피눈물 나게 흐느껴 울기도 했습니다. 그 사이 저녁이 되었군요. 우리는 낮과 밤 구분 없이 대부분의 시간에 사슬에 묶여 있기 때문에 글을 조금씩밖에 쓸 수 없습니다. 그러나 게오르그는 이 흐느낌을 몰두할 만한 가치가 있는 두 가지 유일한 실제, 즉 기도와 사랑에 바치려고 계속 노력하고 있습니다. 그 밖에는 모두 잘못된 것입니다. 지난 몇 주간은 참으로 지나간 저의 생애에 대한 모질고 잔혹한 심판과 같은 날들이었습니다. 물론 심판이 끝나 버린 것은 아닙니다. 심판이 어떠한 결론을 내릴지는 아직 커다란 물음으로 남아 있습니다. 마지막 대답을 하려고, 마지막 각인을 찍으려 하고 있습니다. 제가 다시 한 번 기회를 갖는 것이 허락된다면…….

정말로 제가 다시 한 번 기회를 갖는다면! 하느님은 이렇게 탈출구 없이 이미 저의 운명을 결정지운 듯싶습니다. 문은 연이어서 닫혔습니다. 제가 궁극적으로 열려 있을 거라고 여겼던 문도 닫혔습니다. 외부에서는 어떤 도움도 오지 않았습니다. 그리하여 저는 지금 막판에 내세워진 상태에 있습니다. 좁은 감방에 갇힌 채로, 손발이 묶인 채로. 단지 두 가지 출구만 있습니다. 하나는 교수대를 통하여 하느님의 빛의 세계로 가는 출구이고, 다른 하나는 기적을 통해서 새로운 사명의 길로 나가는 출구입니다. 이 두 가지 중 저 자신 어떤 것이 되리라고 생각하냐구요?

…… '죽음의 유치원.' 매일 한 시간 우리는 야외에서 원을 그리며 걷습니다. 소총 등으로 무장한 이들의 감시 하에서 말입니다. 우리 중에는 공무원이었던 사람, 장교였던 사람, 노동자였던 사람, 외교관이었던 사람이 있고, 사업가였던 사람도 있습니다. 그런 우리 모두가 사슬에 묶인 채 원을 그리며 도는 것입니다. 모퉁이를 돌면서 벽을 향해 말할 수 있는 곳이 몇 군 데 있습니다. 그러면 뒤에 오는 사람이 그 말을 들을 수 있지요. '죽음의 유치원'에서는 그렇게 대화가 이루어집니다. 어제는 개신교 동료 성직자 오이겐 게르스텐마이어에게, 우리가 한 번 더 미사를 드릴 수 있을까 하고 물었습니다…….

하느님께서 여러분 모두를 지켜 주시기를…….

게오르그

한 베를린 시민의 일기에서

1944년 10월 16일

성녀 헤드비제스 수도자 기념일

우리가 시도한 일종의 '청구 쪽지'가 이제는 관례적인 것이 되었다. 우리가 공개적으로 빨래 보따리와 함께 빨래 품목을 일목요연하게 작성한 종이쪽지를 감방에 들여보내면 그 쪽지의 빈 칸에 몇 자의 희망사항이 적혀 역시 공개적으로 되돌려 받는 것이다. 이것은 좋은 소통 수단이다. 안에 있는 이들이나 밖에 있는 이들 모두에게 큰 도움이다.

1944년 10월 23일

 부흐홀쯔 신부는 테겔에 구금된 사람들이 자신이 비밀리에 가져다주는 성체를 받고 행복해 하는 것을 우리에게 계속 감동적으로 보고한다. 그들 모두는 프라이슬러가 내린 광적인 판결을 들어 알고 있다. 그들은 자신들이 매일 민족재판소 법정으로 끌려갈 수 있음을 알고 있다. 그들 모두는 사형 선고와 곧 이어질 집행을 각오하고 있다. 게다가 그들은 계속해서 패색이 짙어 가고 있는 전쟁 상황에서 어느 날 아무런 재판 절차도 없이 그냥 죽임을 당하지 않을까 걱정하지 않을 수 없다. 그래서 성사의 힘이 그 어느 때보다도 더 필요한 것이다! 레르터 감옥에 수감되어 있는 사람들도 모두 테겔 감옥에 수감된 사람들과 같이 이 같은 지속적인 죽음의 위험에 처해 있다. 다만 그곳에는 어떤 사제도 오지 않는다. 성사 안에 계시는 주님이 어떻게든 그들의 감옥으로 찾아갈 수 있도록 우리가 도와야 한다! 우리는 조심스레 20개 정도의 작은 상자를 각각 3~4cm 크기의 직사각형으로 만들었다. 그리고 그 안에 마치 작은 편지봉투와 같은 주머니를 명주로 만들어 성체를 집어넣고 꺼내 쓸 수 있도록 했다. (후에 프라이싱의 추기경이 되신) 우리 주교님에게 이 주머니를 보여주었는데, 그는 그것을 성물로 사용할 수 있도록 즉시 허락하였다. "만약 여러분이 이런 특별한 방식으로 일을 도모할 때 성체에 어떠한 거룩치 못한 일도 일어나지 않는다는 윤리적 확신만 있다면" 된다는 것이다. 이것이 그가 내건 유일한 조건이었다. 그는 모든 수인들과 그들의 가족들에게 주교의 축복을 보내고 매일 제단에서 그들 모두를 특별히 생각하겠노라고 약속했다.

뮌헨에 보낸 델프 신부의 편지

1944년 10월 말

…… 저는 다시 몇 자의 인사말을 씁니다. 이것이 여러분에게 전해질지 저는 알지 못합니다. 저는 매일 줄어드는 쇠창살 안의 사람들 외에는 도무지 어느 누구에 관해서도 알지 못합니다…….

저는 10월 1일부터 감옥으로 전달되는 제병에 대해 매우 감사하고 있습니다. 성체는 외로움을 이기게 해줍니다. 비록 제가, 말하기에 부끄럽게도, 가끔 너무 피곤하고 마음을 가다듬을 수 없어 이 하느님의 실재를 전혀 받아 모시지 못하는 경우도 있지만 말입니다.

게오르그

한 베를린 시민의 일기에서

1944년 10월 28일

성 시몬과 성 유다(타대오) 사도 축일

어제 오딜로 브라운 신부(도미니꼬회) 역시 체포되어 레르터의 구치소로 수감되었다. 그는 처음에 군인 통제소로 유인되어 갔었는데, 어쩐 일인지 비밀경찰이 그를 그냥 통과시켰다. 그들은 그런 뒤 그 근처 역에서 그를 체포했다. 오랫동안 그는 델프 신부의 친구로서 조심스레, 아니 숨어 다녔다.[13] 우리는 그가 잘 조신하기를 바랐었다. 델프 신부와 다른 이들도 이 체포 소식을 즉시 알아야만 한다. 누가 감옥에 계신 오딜로 신부를 돌볼 것인가? 그에게는 베를린에 그의 수도원과 지인들이 있으니, 그의 가족들과 함께 모든 가능한 일을 추진하여 그의 고난을 가볍게 해줄 수 있을 것이다.

---

[13] 뒤의 '생생한 기억' 편을 참조하시오. 171쪽 이하.

1944년 11월 5일

여러 달 전부터 우리는 지속적으로 우리의 친구인, 변호사 루돌프 딕스 박사로부터 조언을 구해 왔다. 우리는 일요일 오후면 어김없이 그와 그의 부인을 방문했다. 그가 행정, 사법, 내각 전반에 걸쳐서 완전히 썩어 빠진 나치 체제를 그 특유의 실감나게 그려내는 명쾌한 언변으로 설명하노라면, 듣는 우리는 정신이 아찔하게 된다. 그의 설명에 따르면 온 국민은 그야말로 끔찍한 심연의 계곡 위에서 드리워진 가느다란 막대기에 매달려 있다는 것이다. 우리는 자기가 겪은 모든 경험을 숨김없이 서로 신뢰하면서 교환했다. 그러면서 우리는 많은 것을 알게 되었다. 우리의 수인들에 봉사하는 일을 제대로 하려면 정말로 정신을 바짝 차리지 않을 수 없다. 딕스 박사는 생각할 수 있는 가능한 모든 종류의 도움을 몸소 기꺼이 해줄 마음의 준비가 되어 있었다. 그는 당원이 아니기 때문에 민족재판소(Volksgerichtshof)의 국선 변호사로 일할 수 없다. 자유 변론의 원칙이 민족재판소 프라이슬러 소장에 의해 – 전에는 그 자신도 변호사였는데 – 사라진 것이다. "법이 어떤 것인지는 내가 정한다."고 히틀러가 말한 적이 있다. 나치주의자들이 갖고 있던 또 하나의 기본 생각은 "민족에게 이로운 것이 법이다."라는 것이다. 그래서 주인에 대한 충실한 종인 프라이슬러는, 히틀러와 마찬가지로 아무 거리낌 없이, 그리고 둘째가라면 서러워할 정도로 피에 굶주려서 이 원칙을 이제 자신의 '판결'에 끌어들인다. 그는 '쇼 재판'을 하고 있는 것이다. 국선변호인이 – 구색을 갖추기 위해서 – 나치에 속한 인사로 제한되지 않았을 때, 딕스 박사는 이런 식의 재판을 몇 번 경험했다. 그는 우리에게 많은 것에 주의를 기울이도록 해 주고 있다.

국선변호사 중엔 '이러저러한' 사람들이 있다. 우리는 점차 그들의 장점과 약점을 알게 된다. 따라서 우리가 할 일은 이제 적당한 변호사를 물색해서 선택하는 것이다. 이 일은 민족재판소의 국선변호사 사무실에서 하게 될 것이다.

딕스 박사는 명석하고 신중한 분이다. 그는 배후에서 우리를 끝까지 돕고 있다. 충실하게, 그리고 전혀 사심 없이. 이 점이 가장 아름답다.

투쟁 동지에 대한 추모

한 베를린 시민의 일기에서

1944년 11월 10일

'우리 동지' 중 몇 분이(발터 크람머, 베른하르트 레터하우스, 페르디난트 프라이헤르 폰 뤼닌크) 오늘 프라이슬러에게 사형 선고를 받았다. 뻔뻔스러운 쇼 공판이 선행되었다. 피고인들은 교활하고 거만한 민족재판소 소장에게 당당하게 맞섰다. 그들은 선고를 기다렸고, 아주 침착하고 위엄 있게 이 선고를 받아들였다.

이 선고가 언제 집행될까? 몇 시간 후에? 며칠 후에? 우리 중 아무도 그것을 알지 못한다. 또한 우리에겐 그것을 알아낼 아무런 방법도 없다.

1944년 11월 14일

오늘 크람머, 레터하우스 그리고 폰 뤼닌크가 교수형을 당했다. 우리는 이것이 희생의 죽음임을, 아무렴 오늘 전례에서 기도하였듯이 '천사가 기뻐하고 하느님의 아들을 찬미할 승리의 죽음'임을 확신한다. 그러나 그럼에도 슬픔이 좀처럼 가시지 않는다. 비통해 하는 여인들 간장을 엔다.

델프 신부가 뮌헨에 보낸 편지

1944년 11월 17일

…… 이번 주에는 여러 모로 마음이 몹시 흔들렸습니다. 우리 중의 세 사람이 우리 모두의 앞에 가능성으로 놓여 있는 처절한 길을 간 것입니다. 하느님의 기적으로 우리가 그 길에서 벗어나 보호받게 되지 않는 한 우리들 또한 가게 될 그 길을 간 것입니다. 저는 내적으로 주 하느님께 많이 기도하고, 질문하고, 생각합니다. 한 가지가 저에게 분명하게 전에 없이 느껴지는 것이 있습니다. 이 세상은 하느님으로 가득 차 있습니다. 나는 그것을 마치 모든 것의 미세한 구멍에서 우리에게 퀄퀄 솟아나오는 것처럼 느낍니다. 그러나 우리는 눈이 멀어 자주 그걸 알아보지 못합니다. 우리는 행복한 시간, 불행한 시간에 매달려 있습니다. 우리는 이런 시간들을 그것의 원천인 하느님까지 이르도록 끝까지 체험하지 못합니다. 아름다운 것이든 추한 것이든 마찬가지입니다. 모든 것 안에서 하느님은 만남을 기뻐하시고, 우리에게 물으시고, 기도와 사랑으로 충만한 답변을 원하십니다.

게오르그

희생은 희망을 강하게 만든다

델프 신부가 베를린에 보낸 편지

1944년 11월 22일

선하신 여러분! 아무래도 한 번은 여러분께 감사의 말씀을 전할 수 있도록 시도라도 해야겠습니다. 결판의 순간이 가까이 다가오고 있습니다. 현재 상황으로 보아 12월 7일이나 8일이 될 것 같습니다. 모든 가능성을 생각해야만 합니다. 저는 저와 교수대 사이에 놓여 있는 기적을 여전히 믿고 있으나 기적이 일어나지 않는 경우도 생각해 두지 않을 수 없습니다. 우르비(Urbi)의 마음이 일 년 동안 죽음에 대한 두려움으로 고통 받은 것은 결코 무의미하지 않았습니다. 그녀는 문제가 되는 사태와 관련하여 그녀 자신의 목숨을 대신 바치겠다고 했습니다. 편지의 날짜, 43년 2월 15일은 매우 위안이 됩니다. 그리고 그녀의 희생은 받아들여졌습니다. 이제 문제가 되는 사태 2, 3일 후인 것입니다. 그 편지는 여기 내 눈앞에 놓여 있습니다. 성체성사는 그 위에서 이루어집니다.

선한 목자 게르스텐마이어는 최근 '서커스'(수갑이 채인 채로 원을 도는 운동 시간) 때 저에게 다음과 같은 말을 건넸습니다, 감시 중인 데도 그게 가능했지요. "저는 불신앙 속에서 비참하게 연명해 가느니 차라리 사형에 처해지기를 희망합니다."라고. 보세요……

하느님은 저의 말을 받아들이시고 저를 극한 상황에 세우셨습니다. 어떤 경우이든 저는 그에게 천 번이라도 '예'라고 해야 합니다. 그렇게 대답하는 것이 어떤 때는 무엇보다도 우선 가슴이 미어지는 육체적 고통 때문에 아주 힘듭니다.

레터하우스와 다른 동지들의 죽음 이후 최근 며칠은 매우 어려웠습니다. 저는 이 사태를 개인적으로 나 자신을 위해 믿음으로 이끄시는 하느님의 철저한 단련으로 받아들이고 있습니다. 이 모든 것이 벌어진 그 모든 방식은, 즉 하느님이 나의 손에서 모든 으뜸 패를 앗아 가시고, 모든 자구책을 수포로 만들어 버리는 그 일관된 조처, 저를 가장 확실하게 파멸로 몰고 가게 만든 발언이 하나의 착오에서 기인한 것이라는 그 끔찍함……. 이 모든 것은 여기서 제가 하느님의 특별한 질문에 응답해야 하는 것을 의미합니다. 이 응답이 어렵습니다. 한편으론 사태의 결말에 대해 자유로워야 하고 동시에 희망 속에서 이루어져야 하기 때문이지요.

저는 노력하고 있습니다. 그리고 계속 하느님의 새로운 모습을 발견합니다. 세상은 하느님으로 가득 차 있습니다. 고통조차도 하느님의 오심입니다. 만남과 결단, 위로와 축복 또한 그렇습니다. 이러한 것이 이미 제게 큰 도움이 되었습니다. 한 조각의 빵이 커다란 은총일 수 있다는 체험은 저에겐 새로운 경험입니다. 그러나 한 사람을 보살펴 주는 사람들이 가까이 있다는 것을 의식하는 것 자체가 매우 커다란 위안이 될 때가 자주 있습니다. 바로 이 암울한 시간에 당신은 나를 자주 찾아와 주었습니다. 저는 8월 15일의 일을 결코 잊을 수가 없습니다. 방금 제가 우르비에게 저를 위한 축복의 징표가 어디 없겠느냐고 묻고 난 순간이었지요. 저는 막 고통스런 매질을 당하고 녹초가 되어 어떤 위로도 도움도 없이 숙소로 돌아왔었지요. 바로 그때 전혀 예기치 않게 여러분들이 보낸 그 귀한 물건들이 나타났던 것입니다. 그 물건들 자체가 좋은 소식이었지요. 아니 그 이상이지요, 외로운 처지에 와 닿는 사람들이 전하는 소식이니까요.

거룩한 성체가 여기에 있고 난 다음부터 세상은 다시 더욱 아름답게 되었습니다. 그래서 저는 계속 저 자신을 하느님의 자유와 하느님의 선에 맡기고 그분의 뜻에 조금이라도 거스르지 않도록 노력하고 있습니다. 그리고 그분은 우리를 물에 빠트리지 않은 채 바다를 건너게 해주실 것임을 믿고 있습니다.

하느님께 모든 것을 감사합시다. 여하 간에 다시 뵙기를 바랍니다. 그리고 가끔 함께 기도해 주시고 함께 희망해 주십시오. 이 모든 것이 축성된, 축복받은 씨앗이 될 것입니다. 지금까지 견디어 온 시간들은 하느님의 신비가 이루고자 하는 것을 통해서 풍성했습니다.

봉헌하며 감사를 드리는 여러분의 막스14)

---

14) '막스(Max)'는 체포 전의 델프 신부의 가명이었는데, 베를린에 보낸 편지에서 사용하고 있다.

한 베를린 시민의 일기에서

1944년 11월 24일

우르비의 '봉헌 편지'는 그러니까 그 동안 델프 신부의 감방으로 전해져서 세 장의 제대포 아래에 놓여 있는 것이다. 이 '봉헌 편지'에 관해서 그는 이미 아직 자유로운 몸일 때 감동스런 마음과 감사하는 심경으로 우리에게 쓴 적이 있다. 당시 53세였던 우리의 유년 시절의 친구 우르비, 천성이 명랑한 사람이었던 그녀가 그 편지를 쓴 것은 1943년 2월이다. 델프 신부는 이 편지를 1944년 6월에 받았다. 몇 줄 안 되는 그 편지 속에 다음과 같은 내용이 나온다. 우르비는 '확실한 내적 이끌림'에 따라 자기의 생명을 델프 신부의 생명 대신 제물로 바치고 싶다고 하느님께 기도했다는 것이다. "델프 신부가 하느님 나라의 일을 할 수 있게 하느님께서 그의 생명을 보호해 주시도록." 어느 누구도 이 생명 봉헌이 무엇인지는 짐작하지 못했다. 더욱이 이 편지에 관해서는 아무도 알지 못했다. 우르비는 이 편지를 두 겹의 봉투에 넣어 시골에 사는 한 여자 친구에게 '만일 나에게 무슨 일이 일어나면' 이를 전달하라는 부탁과 함께 주었다. 그 시간 이후부터 공습이 있을 때마다 죽음에 대한 공포로 우르비가 몹시 떨었기 때문에, 주위에서는 평소에 그렇게 낙관적이던 그녀가 '그처럼 겁에 떠는 것'을 보고 놀라워했다. 그녀는 1944년 6월 13일, 평소 낮에 공습이 있을 때는 한 번도 자신의 집에 머문 적이 없었는데, 무너져 내린 작은 자기 집의 폐허 속에서 죽었다. 하느님이 그녀의 봉헌을 받아들인 것이다. 그녀의 편지는 델프 신부에게 전달되었다. 그리고 이제 그가 감옥에서 보낸 편지에서 이 편지를 언급하고 있는 것이다. 생명의 봉헌으로부터 신뢰의 힘이 그에게 흘러 들어가고 있음이 분명하다.

백척간두에서

델프 신부가 뮌헨에 보낸 편지

1944년 11월 30일

…… 뮌헨이 또다시 공습 받았다는 것을 방금 알게 되었습니다. 모든 친구들이 어떻게 지내는지 소식을 알려 주시면 감사하겠습니다. 이처럼 깊은 근심과 불안한 마음을 모든 다른 이들에게는 함께 나누지 못합니다.

…… 오늘은 또다시 매우 힘든 날입니다. 하느님은 저를 아주 강도 높게 다루십니다. 저를 오로지 저 자신에게만 내맡기도록 하십니다. 얼마 전부터 저는 또다시 완전히 고립되어 있으니까요. 신앙과 믿음이 무엇인지 저더러 배우라는 것이겠죠. 충족과 위로의 행복한 시간 또한 있습니다. 그러나 전체적으로 볼 때 우리는 외줄 위에 서서 벼랑 위를 가야 하는 운명에 처해 있습니다. 더군다나 그들은 우리를 겨냥해 총을 쏴 대고 사람들은 한두 명씩 계속해서 아래로 떨어집니다. 가끔 저는 주님께 작은 위로가 필요하다고 말합니다. 그러면 그분은 특별한 답변을 주시지요. 최근 어느 날 마리안네와 또 다른 마리안네가 한꺼번에 스무 개피의 담배와 다섯 개의 시가를 반입해 줄 수 있었거든요. 거기에다 나의 정든 회색의 기도서, 그리고 뮌헨을 느끼게 해주는 다른 몇 가지의 것들과 함께 말입니다. 가끔 저는 저를 인도하고 위로할 말씀을 달라고 기도하고는 성서를 아무 데나 펼치곤 합니다. 방금 펼친 곳에는 "믿는 사람은 다음과 같은 기적을 행할 것이다……."라고 쓰여 있습니다. 또다시 펼치자 이번에는 마태오 20장이었습니다. 다시 신뢰의 말씀을 주시는군요.

아, 인간의 마음이란 가장 본연적인 자기 자신의 능력에 있어서, 즉 소망하고 믿는 일에 있어서 너무나 제한되어 있습니다. 인간의 마음은 자기 자신의(본래의) 기능을 발휘하기 위해서는, 그리고 둥지에서 떨어진, 이제 겨우 날기를 배우기 시작한 어쭙잖은 새처럼 퍼덕거리지 않기 위해서는 도움을 필요로 합니다. '덕으로서 믿음이란 우리가 어떤 것에도 구속받지 않는 자유 속에서 자기 자신에게 하느님을 영접하는 것'이라고 저는 강론한 적이 있습니다. 지금 제가 말하고 있는 것이 바로 그것입니다. 정확히 그것입니다. 주님이 우리를 곧 건너편 해안으로 데려다 주시고, 다시금 굳은 땅에 서게 해주실 것을 우리 다 함께 기도하며 희망하고 믿으십시다. 우리가 종종 그러했듯이 이제는 그를 더 이상 요지부동한 분으로만 보지 않습니다.

저는 되도록이면 뭔가 연관성 있는 것을 쓰려 했습니다. 그러나 내가 읽은 것이며 모든 것은 다 우연히 생긴 것입니다. 그게 이미 강복이지요. 그런 다음 다시 묶인 이 손을 가지고는 어떤 것도 제대로 쓸 수가 없으니 말입니다. 우리에게 간간히 허락된 몇몇 순간들은 (뭔가를 쓰기에는) 충분치 않습니다…….

게오르그

델프 신부가 베를린에 보낸 편지

1944년 12월 2일

선하신 여러분, 여러분이 베푸신 모든 선행과 배려에 대해 감사합니다. 이 은혜 어떻게 다 갚아야 할지 모르겠습니다. 사람들에게 많은 것을 빚지고 있다는 것은 우리의 마음을 아주 무겁게 만드는 걱정이며 인식이 아닐 수 없습니다. 이제야 비로소 하느님이 본질적이고 가장 고유한 힘이시며, 창조적 근원이란 생각을 하게 됩니다. 이 묶인 두 손이 하느님과 맺은 내적인 결합임을 다시금 확인하고, 전 생애를 기도와 희생의 연속으로 채울 수 있기를! 또한 신뢰의 연속이 되도록 기원하면서 우리의 모든 실존을 계속 그분께 맡깁시다. 11월 한 달 내내 일요일 영성체송에 동일한 요구가 들어 있는 것을 여러분은 알아채지 않으셨습니까? (마르코 2, 24: "진정 여러분에게 나는 말합니다. 여러분이 기도 중에 청한 모든 것은 여러분에게 주어지고 나누어 받게 될 것이라는 것을 믿으십시오.")

오늘은 좋은 날입니다. 예수 성심의 날(매월 첫 번째 금요일)은 저의 생애에 있어 항상 특별한 날입니다. 예수성심대축일(1944년 6월 16일)에 저는 우르비의 봉헌편지를 받았습니다. "Ut eruas a morte et aleas infame."(그들 영혼의 죽음을 깨부수고 굶주린 영혼을 부양하기 위해서.) 도입송 중에 나오는 이 아름다운 글귀. 10월의 예수 성심 금요일에 저는 정오 미사를 봉헌하였는데, 그때 가끔 우리에게 엄습해오는 피할 수 없는 긴급 상황을 하소연했지요. 모든 운명이 정말이지 단 **한 시간 동안의 고통에 집중되어 있을 때가 가끔 있습니다.**

미사가 끝나고 수 분 후에 경고 사이렌이 울리자마자 폭탄이 쏟아졌는데, 내 감방에서 너무나 가까운 거리에서 일어났기 때문에, 저는 저에게 무슨 일이 일어난 줄조차 오랫동안 의식하지 못했습니다. '영혼의 죽음을 깨부수기 위해서……' 그러고 나서 오늘 점심에 저는 축일에 걸맞은 커피를 마시게 되었습니다! 감사합니다!(우리는 그 당시 원두커피를 몰래 반입했었지요!)

일요일에 저는 여러분과 여러분이 염려하고 있는 것들을 위해서 미사를 봉헌하겠습니다. 주님이 당신의 신비와 함께 여기에 계시며, 묶여진 이 손으로도 역시 충만하게 축복하고 축성할 수 있는 은혜가 허락된 것은 정말로 놀라운 일입니다.

오늘 결심공판이 어쩌면 성탄절까지 혹은 그 이후로 연기될 것이라는 가능성을 듣게 되었습니다. 저는 우르비가 여하튼 자기희생으로 얻은 그

귀중한 기적을 '할부로 나누어서 행사하고 있구나' 하는 느낌이 들었습니다. 그렇게 해도 좋습니다. 제가 언급했던 두 여인은 항상 좋은 분들이라는 생각이 듭니다. 그들에겐 민족재판소와 통하는 어떤 방법이 있을 것 같습니다. 한번 푈차우 씨를 통해 연줄을 시도해 보는 것이 어떨지요. 제가 다른 이들의 사건에 함께 걸려 있는 것인지 아니면 또다시 따로 혼자 춤추는 것인지, 그 내막을 아는 것이 저에게 매우 중요합니다.

  주님은 우리를 모든 안전지대에서 끌어내렸습니다. 적어도 저에게는 그러했고 지금도 그렇습니다. 일이 잘 되도록 제가 매우 멋지고 안전하게 처리한 것들이 산산조각 나버렸습니다. 바로 그분이 저를 감옥에 넣었고 재판에 세웠습니다. 저는 여전히 레르터 감옥에서의 시간들을 기억합니다. 그때 저는 그분께 '지금부터 모든 일을 저는 더 이상 신경 쓰지 않겠습니다. 이제 당신께서 알아서 해주세요' 하고 말했습니다. 그리고 될 수만 있다면 지금부터는 구타나 '운동장 집합' 같은 것은 없게 했으면 좋겠다는 우르비의 소원을 들어주시기를 바랐지요. 그날부터 구타는 당하지 않고 있습니다.

  이제 하느님이 여러분을 보호하시기를 빕니다. 모든 삶이 대림이라는 사실을 이번에 우리는 그 어느 다른 때보다도 더욱 확실하고 깊게 알고 있습니다.

여러분께 감사드리는 막스

추신: 제가 매일 예수 성심 호칭기도를 하면서 생각한 것을 스케치해보았습니다. 그것들을 뮌헨에 보내 주십시오. 감사합니다. 오늘, 토요일 갑자기 며칠 내로 재판 일정이 잡힐 것이라는 소식이 있습니다. 확실한 것은 아니지만, 다시 백척간두 위에서 번개를 맞는 느낌입니다. 람페르트하임(델프 신부의 고향 본당)에 계신 주임신부에게 편

지에 관해서 일체 언급해서는 안 된다고 알려 주시기 바랍니다. 아주 갑자기 일정이 새로 잡히지 않는 한, 그런 일이 있게 될 수도 있지만요. 다음 주에는 어떤 일도 일어나지 않는다는 소식을 방금 받았습니다.

그리고 가능하다면 연필 한 자루와 약간의 잉크를 넣어 주시기 바랍니다.

감사합니다.

감옥 건물이 폭격 당하다

한 베를린 시민의 일기에서

1944년 12월 4일

매번 공습 때마다 수감된 사람들에 대해서 가지게 되는 우리들의 걱정은 당연한 일이 아닐 수 없다. 감방이 3층에 있음에도 불구하고 그들은 감방 안에 갇혀 있는 것이다. 사슬은 여전히 벗겨지지 않고, 문들은 특별히 더욱 굳게 잠겨 있는 것이다. 탈출의 위험이 있기 때문이라니! 모든 간수들은 지하로 대피한다. 이 얼마나 끔찍한 일인가. 분명히 그들은 모든 처참한 모습의 전쟁을 잘 알고 있는 사람들이다. 휴가 나온 병사들에게 들었는데, 여기 도심에서 받게 되는 공습이 전선에서 받는 공격보다 훨씬 더 겁이 난다고 한다. 수인들은 교수형으로 죽을 것을 뻔히 알고 있다. 이 불쌍한, 갈기갈기 찢겨진 영혼들이 이제 또 이런 추가적인 죽음의 공포까지 견디어 내야 하다니……

델프 신부가 뮌헨에 보낸 편지

1944년 12월 초

…… 오늘은 나쁜 날입니다. 가끔 모든 운명이 하나의 짐 더미로 뭉쳐 가슴을 짓누를 때가 있습니다. 얼마나 오랫동안 이를 견디어야 하는 건지 전혀 모릅니다……. 나는 하느님을 믿고 생명을 믿습니다. 그리고 우리가 믿음으로 청하는 것이 우리에게 이루어질 것입니다. 하느님은 제가 '오로지 그와 함께 살고 운명을 견디어 내리라'는 저의 오랜 약속을 지키는지 저를 철저하게 시험하셨습니다.

…… 제가 최근에 믿음의 말을 해달라고 청한 것을 용서하시기 바랍니다. 저는 아주 솔직히 여러분이 아직도 저를 믿고, 제가 다시 올 것을 믿고 있는지 알고 싶었습니다. 가끔 저는 그것을 진심으로 바랬고, 그래서 고독에서 헤쳐 나올 수가 있었습니다. 저는 여전히 저를 믿고 있습니다. 그렇지 않다면 모든 것이 저를 포기할 것입니다. 사람들은 저에게 사태를 잘못 판단하지 말고 아무래도 죽음을 당하게 될 것을 진지하게 생각하라고 경고했습니다. 좋은 친구들이 저에게 그렇게 글로 써 보냈습니다. 제가 백척간두에 서 있음을 저는 압니다. 하느님의 특별한 도우심 없이는 극복할 수 없음도 저는 잘 압니다. 그러나 그가 저를 도울 것이라고 믿고 있습니다. 그리고 그에게 매일 그렇게 해주시기를 청합니다.

언제 결정이 날 것인지 다시 오리무중입니다. 어제는 마치 재판이 성탄절까지 연기될 것처럼 보였지요. 그런데 오늘 다시 다음 주에 있을 것이라는군요. 여하튼 저는 이제 그분의 뜻대로 사는 것이 무엇인지 압니다. 우리는 항상 그렇게 살았어야 하지 않았나요. 그러나 저는 가끔 제 자신의 힘에 의지하여 저의 안전을 얻고자 하였습니다. 그리하여 저는 아주 많은 사람들에게 아주 많은 잘못을 저지르게 되었습니다…….

게오르그

한 베를린 시민의 일기에서

1944년 12월 5일

오늘 우리가 테겔 감옥의 응접실에 있을 때 갑자기 공습경보 사이렌이 울렸다. 함께 갔던 타텐바흐 신부(뮌헨에서 온 예수회원)는 나중에 홀로 방문하게 될 때를 위해 길을 익히려고 건물 밖에 있었다. 마리안네는 그녀가 돌보는 많은 젊은이들과 함께 여기서 아주 가까운 곳에 있었다. 몇 달 전부터 우리는 매일의 장소와 시간 계획을 서로 정확히 알고 있는 것이다. 우리 중 한 사람이 심한 낮 공습으로 인해 매몰될 수도 있기 때문이다. 그래야 다른 사람들이 최소한 그를 어디에서 찾아야 할 것인지 알 수 있겠으니 말이다. 항상 몸서리치는 이 긴장! 사이렌이 울리면 얼마나 많은 이들이 매일 그 때문에 마음 졸이는가!

오늘 우리들 1동의 방문객들은 안전을 위해 감옥 중앙 입구 건너편에 있는 한 참호로 보내졌다. 변경시킬 수 없는 사안은 그대로 받아들이는 나의 평소 습관과는 반대로 내 안에 무언가 저항의 마음이 생겨났다. 그래서 나는 참호로 들어가지 않겠다고 말했다. 타텐바흐 신부는 의아하게 여겼다. 응접실에서 나온 다른 부인들은 내가 한 말을 들은 후 자기들도 들어가지 않겠다 했다. 그들은 우리와 함께 남았다. 우리는 서서히 걸었다. 그때 한 간수가 우리에게 소리쳤다.

"수천의 폭격기가 관측되었습니다. 바로 우리 위에! 관사의 지하실로 빨리 대피하세요!"

우리는 기꺼이 그 말을 따랐다. 지하로 내려가는 계단에서 타텐바흐 신부는 나에게 일반사죄를 해주었다. 우리가 낯선 지하로 들어서자마자 벌써 우리 위로 폭탄이 투하되는 듯했다. 섬광이 번쩍였다. 쉭 소리가 났고 폭발음이 들렸다. 먼지가 천장과 벽에서 비 오듯 쏟아졌다. 지하실 전체가 배처럼 흔들렸다. 우리는 서로 밀착하여 바닥에 무릎을 꿇고 엎드렸다. 공기는 점점 탁해졌다. 죽음에 대한 공포가 우리를 엄습했다. 바로 지척에 있는 감방의 수인들이야 오죽할까! 그들은 도대체 어떤 곤경을 참아 내야 하는가! 나는 단지 신음만 뱉어 낼 수 있었다. 갑자기 나콜라우스 그로쓰 부인이 기도하기 시작했다. 처음엔 조용히, 그러다가 점점 큰 소리로 기도를 했다.

"성모 마리아여 우리를 도우소서. 바로 죽음의 시간이 왔으니, 자비로우신 어머니여 우리를 도우소서."

우리는 계속해서 이 단순한 기도를 들었는데, 주위의 소음과 마음속 불안 가운데서도 놀랍게도 우리는 평정을 되찾았다.

30분쯤 지나 공습경보가 해제되었다. 우리가 지하실에서 나왔을 때 감히 밖을 쳐다볼 수가 없었다. 파괴된 모습은 이루 말할 수 없었다. 감옥이 부분적으로 화염 속에 싸여 있었고 다른 부분들은 폭탄에 의해 크게 파손되어 있었다. 도로 위는 물이 강을 이루었는데, 수도관이 터졌기 때문이었다. 그로 인해 진화 작업이 애를 먹었다. 우리에게 할당된 그 참호는 어찌되었는가? 완전히 박살이 나 있었다! 제일 먼저 타텐바흐 신부가 1동은 조금만 파손되었다고 말해 주었다. 하느님, 감사합니다! 내 옆에는 감옥에 있는 남편과 아들을 돌보기 위해 시골에서 올라와 있는 개신교 신자인 한 부인이 있었다. 그녀는 폭격 때문에 완전히 넋이 나가 있었다. 그녀가 갑자기 나지막하게 "저 부인이 지하에서 기도했던 묵주기도문을 저에게 좀 적어 주세요. 그 기도가 아니었다면 아마 저는 이 재앙에서 살아나지 못했을 거예요. 저는 우리 주님이신 예수님의 어머니가 또한 우리의 어머니이심을 전혀 알지 못했어요. 우리가 참호로 갈 뻔했던 것을 그녀가 가지 않도록 해줬다고 생각지 않으세요? 아직은 아무래도 우리가 우리의 수인들을 위해 꼭 필요한 것이 분명해요."라고 말했다.

1944년 12월 6일
성 니콜라오 주교 기념일

어제 공습이 끝난 후에 두 가지 좋은 일이 있었다. 경보 해제가 울리자마자 곧 감옥의 입구는 자동차와 친위대와 방위군 대원들, 그리고 사복 차림의 비밀경찰들로 붐비기 시작했다. 그들 모두가 필요한 조치를 취하기 위해 파괴 정도를 둘러보고 있었다. 모두가 우왕좌왕 심각한 얘기들을 하고 있었다. 타텐바흐 신부는 신속히 마음을 정하고 이 흥분된 사람들 틈에 끼어들었다. 그는 겸손하게, 그러나 결연한 말투로 말했다.

"저는 간호를 하러 온 사람입니다. 어디서 도울 수 있을까요?"

"저기에 중상자가 있소."

말해 준 사람의 손짓에 따라 그는 '뒤쪽'으로 갔다. 누구도 그를 심사하거나 그의 증명서를 보자고 하지 않았다. 곧 그는 주위에 죽어가는 이들과 이미 죽은 이들 사이에 있는 부상자들을 발견했다. 타텐바흐 신부는 중상자에게 허리를 굽혀 그가 사제임을 알리고, 그들과 함께 기도했다. 축복을 해주고 또 어떤 이들에게는 사죄경을 외워 주었다. 꼼꼼하게 주변을 살펴보았으나 그는 친구이자 동료 예수회원인 델프 신부를 발견하지 못했다. 그는 1동에서는 어떤 부상자도 없다는 얘기만을 들을 수가 있었다.

경보가 해제된 후에 나는 1동의 간수장 집이 관사들 가운데에 있으리라 여기고 그곳으로 찾아갔다. 오래 전부터 나는 이 사람과 한번 개인적으로 대화하고 싶었었다. 오늘 온통 수라장이 되어 있는 상황에서 그를 방문하면 그도 난처하지 않을 것이다. 또한 델프 신부가 니콜라스 선물을 받아야 할 게 아닌가! 간수장 부인은 조금 의심스러운 듯이 나를 경계하면서 집 안으로 안내했다. 벽에 걸린 액자가 눈에 띄였다. 거기에는 "너의 근심을 주님께 맡겨라! 그가 너를 보호할 것이다"라고 쓰여 있었다. 그러니까 이 집 주인은 복음주의 교회에 속한 그리스도 교인이었던 것이다. 더군다나 이렇게 신앙고백을 할 정도로 용기 있는 사람이라니! 이는 우리의 수인들을 위해 얼마나 큰 축복인가! 나의 기쁨에도 불구하고 상호 간의 대화는 조심스럽게 진행되었다. 하지만 기본적으로 우리는 서로 아주 잘 이해했다. 이 어려운 날에 모든 것이 잘되어 갔다. 레르터 거리와 마리안네는 모두 이 모든 피해에서 보호 받았다……. 하느님께 감사!

최종서원 – Vincula amoris(사랑의 사슬)

한 베를린 시민의 일기에서

1944년 12월 8일

원죄 없이 잉태되신 동정 마리아 대축일

얼마나 은총이 가득한 날인가? 델프 신부가 오늘 감옥에서 그의 최종서원을 그의 젊은 동료인 테텐바흐 신부에게 발했다. 분명 수도회의 역사에서 이런 경우가 많지 않을 것이다. 모든 것이 아주 세밀하게 고려되었다. 준비 순서에서 가장 마지막 단계로 델프 신부는 내가 쓴 개봉된 '청구 쪽지'를 받았다. 각각의 사항 아래 기입한 그의 부기를 통해서 볼 때 그는 모든 것을 제대로 이해한 것으로 보인다.

1944년 12월 8일, 베를린에서

델프 박사에게 영치해 주시를 바랍니다.

1. 한 시간 후에 프란쯔 씨가 아주 중요한 개인적 일을 상의하기 위해 옵니다.

   이렇게 기쁠 수가!

2. 오늘은 1944년 8월 15일 연기된 막스의 서원일이다.
　　　　　　하느님은 좋으신 분!

3. 친구 프란쯔는 승진하였다. 그는 젊은 나이지만 이제 큰 결정권을 지니게 됐다.
　　　　　　진심으로 축하합니다!

4. 12월 5일의 공습을 여기의 모든 지인들은 무사히 견뎌 냈습니다.
　　　　　　여기에 있는 우리도 또한 하느님께 감사!

5. 부모님께로부터 그리고 뮌헨에서 좋은 소식들이 왔습니다.
　　　　　　모두에게 안부를 전하세요!

이리하여 델프 신부는 곧 있게 될 동료의 방문을 마음으로 준비할 수 있었다. 1동의 감독관의 입회 하에 면회가 이루어졌다. '프란쯔 씨'(타텐바흐 신부)가 감독관에게 수인이 이제 자기와 함께 라틴어로 기도할 것이라고 설명하자 그는 불안해졌다. 모든 것이 마지막 순간에 물거품이 되고 말 것 같았다. 타텐바흐 신부는 감독관에게 진정시키는 말을 건네면서 서원문 형식을 책상 위에 올려놓았다. 우리는 라틴어 원문 옆에 조심스럽게 독일어 번역문을 달아 넣었다. 감독관은 그것을 읽고 난 후에 조금 당황스러워했으나 좋은 쪽으로 봐주려는 말투로 중얼거렸다.

"이건 기도만 하는 게 아니라 법적 절차이기도 하군요."

행운을 갖게 된 두 사람은 감독관엔 전혀 신경쓰지 않고 일을 진행했다. 타텐바흐 신부가 주머니에서 작은 십자가를 꺼냈다. 델프 신부는 감동적인 듯했으나 차분히 마음을 가다듬어 서원을 발했다. 하느님 당신을 찬미합니다.

델프 신부의 최종서원에 관해서 타텐바흐 신부가 쓴 기사[15]

보겐하우젠에 있는 델프 신부의 책상 위에는 리멘슈나이더가 제작한 한 조각품의 일부분을 찍은, '사슬에 묶인 손'이라 불리는 사진이 놓여 있다. 그는 이 사진을 끔찍이도 사랑했다. 이 사진을 볼 때마다 그는 수도회에 바친 그의 서원을 기억 속에 떠올렸다. 델프 신부의 내적 여정에서 중요한 단면을 차지하고 있는 그의 최종서원에 관한 이야기를 여기서 간단하게나마 언급하고자 한다.

그는 오랫동안, 아주 오랫동안 기다려야만 했다. 마침내 그가 속한 관구의 관구장 신부가 1944년 8월 15일을 델프 신부의 최종서원일로 결정하기까지 어려운 내적 투쟁은 계속되었다. 델프 신부는 보겐하우젠에서 홀로 피정을 하려고 준비하고 있던 바로 그 무렵, 7월 28일에 게쉬타포가 들이닥쳤고, 그를 베를린으로 데려갔던 것이다.

델프 신부는 처음부터 그것이 마지막 길이라는 것을 알고 있었다. 그가 레르터 거리에 있는 게쉬타포 감옥에 구금되어 있었던 몇 주 동안에 대해서는 많은 것이 알려지지 않고 있다.

민족재판소의 피고인으로서 테겔에서 보낸 구금 생활은 비밀경찰에게 취조를 받았을 때보다는 훨씬 견딜 만한 것이었다. 고문을 동반한 심문은 중단되었고, 간수들은 법무부 소속의 나이든 공무원들로 조용하고 인간적인 직원들이었다. 무엇보다도 가장 다행스러운 일은 다음과 같은 일이었다. '마리안네라는 이름을 가진 두 여자'는 큰 용기를 가지고 성실하게 그의 옷을 세탁하여 가져다주었다. 또 이들에게는 기회가 있을 때마다 음식 꾸러미를 영입할 수 있게 허락되었는데, 그녀들은 그런 기회를 통해 아주 작은 유리잔과 성반 등을 몰래 반입시킬 수 있었다. 그리하여 델프 신부

---

[15] 예수회 남독일 관구의 소식지 『An unsere Freunde』(벗들에게) 1951년 1월호에 실린 '사슬에 묶인 손'이라는 제하의 글에서 발췌함. 이 책의 표지 안쪽 맞은편의 사진을 참고하기 바람.

가 비밀리에, 카타콤바에서와 같이 아주 조심스레 성찬의 전례를 행할 수 있었다. 테겔에서의 생활은 그럼에도 불구하고 아직 천국과 같은 곳은 아니었다. 고독함과 격리된 상황, 감방에 그대로 머무른 채 견뎌 내야만 하는 폭격, 그리고 가장 가혹한 조처로 볼 수 있는 밤낮없이 수갑을 차고 있어야 한다는 특별조치 등, 이 모든 것은 그가 신경쇠약에 걸릴 만큼 너무나도 견디기 힘든 것이었다……. 다시 어두운 시간들이 다가왔다. "나는 외로움 때문에 심각한 국면에 처했다." 무엇보다도 하느님이 8월 15일에 행할 서원을 마치 그에게 배려하지 않은 것처럼 생각하였기 때문에 그에게는 항상 어두운 그림자가 서려 있었다. 왜 하느님은 그가 서원을 발하도록 하지 않았는가?

12월 8일, 원죄 없이 잉태되신 동정 마리아 대축일에 그는 하느님이 그에게 승인의 표시나 위로의 표시로 작은 빛을 보내 주시도록 청하는 9일 기도를 하고 있었다. "나는 8일 축일에 문자 그대로 나에게 위로와 자비의 소식을 보내 달라고 기도하였다."

축일 전날 저녁, 제1저녁 기도 날에 델프 신부는 새로운 세탁물을 담은 상자 안에서 테텐바흐 신부가 보낸 숨겨진 편지쪽지를 발견하였다. 그는 윗분들의 지시로 델프 신부를 위해서 작은 봉사를 시도했는데 그것이 가능하게 보인다는 내용이었다.

"나는 내일 아침 일찍 공식 면회를 하러 올 것입니다. 그때 장상(長上)의 최종서원 허락을 전할 것입니다."

바로 12월 8일이 면회일이 된 것은 오로지 기이하게도 여러 여건들이 우연히 맞아떨어졌기 때문이다!

델프 신부가 8일 아침에 너무나 감격한 결과, 서원을 발하는 동안 거의 자기의 몸을 가누지 못한 것이 놀랄 일이겠는가? 그것은 또한 실로 진기한 의식이었다! 책상에 감독하는 관리가 앉아 있고, 그의 우측에 델프 신부가 수갑을 푼 상태로 회색빛 민간인복을 입고 서 있고, 책상의 좁은 측면에 타텐바흐 신부가 있었다. 대화는 제삼자가 배석해 있었기 때문에 매우 방해를 받았는데, 먼저 가족들과 예수회원들의 동정에 대해 얘기가 오갔다. 이 모든 소식들이 이미 델프 신부를 깊이 감동시켰다. 그리하고 나서 변호사 선임에 관한 사무적인 이야기를 마쳤다. 대화가 서원 문서에 서명하는 일에 이르자 델프 신부는 완전히 입을 다물더니 자기 의자에 주저앉았다. 정말로 서명할 의향이 있는지를 묻자 비로소 그는 그렇다고 대답하고는 서원 문장을 혼자 읽은 다음 펜을 쥐고는 빠르고 힘 있게, 또렷하고 강한 필체로 서명했다.

델프 신부는 남의 눈에 띌 정도로 애를 써 자신의 감정을 자제해 가면서 서원문을 큰 소리로 겨우 낭독할 수 있었다. 서원이 법적 효력을 갖기 위해서는 당사자가 다른 이가 들을 수 있도록 낭독해야 한다는 내규에 따른 것이었다. 면회 시간이 이미 훨씬 지났기 때문에 유례를 찾기 힘든 이 특이한 만남은 몇 마디 사소한 말이 교환되고 성급히 끝났다.

원죄 없이 잉태되신 동정 마리아 대축일 저녁에 델프 신부는 다음과 같이 썼다. "…… 한꺼번에 너무나도 많은 일이 일어났다……. 8일이 되기 전 여러 날을 나는 계속해서 자비의 소식을 달라고 기도했다. 그 결과 나의 소원이 이뤄진 것이다……. 나는 최종적으로 나의 생명을 바치겠노라 약속했다. 이제 모든 외적인 사슬들은 나에겐 더 이상 아무런 의미가 없는 것이다. 주님이 나를 사랑의 사슬로 영광스럽게 하셨기에."

델프 신부가 베를린에 보낸 편지

1944년 12월 10일

선하신 여러분, 그것은 꿈도 꿀 수 없었던 축복이었습니다. 그 일이 있기 며칠 전부터 저는 약간 침체되었기에 그날을 위한 9일 기도를 하면서 확신과 자비의 징표를 보여 달라고 기원했습니다. 한데 저의 동료 형제가 그처럼 좋은 선물을 가지고 방문하는 방식으로 그것이 한없이 풍요롭고 훌륭하게 이루어질 줄이야 어떻게 알 수 있었겠습니까. 누가 아직도 하늘이 무심하고, 하느님과 우리 사이에 살아 움직이는 소통이 없다고 말할 수 있겠습니까. 또다시 이런 소통을 체험하였다는 것은 언제나 흐뭇하고 고무적인 일이 아닐 수 없습니다.

이 축복받은 날에 여러분과, 그밖에 도움을 주신 모든 분들에게 감사드립니다. 생명은 이제 저에게 타당한, 저에게 최종적으로 합당한 형태를 갖추게 되었습니다. 외적인 운명은 단지 이런 생명을 보존해 가며 신뢰하기 위한 기회일 뿐입니다. 그날은 저에게 많은 격려를 주었어요. 처음엔 그 충만함을 제 신경이 감당할 수가 없었지요. 거의 해내지 못할 것 같았습니다. 그러나 제가 외줄 위에 앉아 있게 된 것이 20주가 넘었고 이젠 출발의 신호만을 기다리고 있는 중입니다. 이 기다림도 아마 잠깐이 되겠지요.

여러분께 진심으로 감사드립니다. 여러분의 걱정을 제가 저의 것으로 거두고 월요일의 미사는 특별히 여러분을 위해 봉헌하겠습니다. 많은 일의 실현은 우리가 기다리고 희망하며 기도하는 중에 가지고 있는 신뢰에 좌우됩니다. 그것이 부족해서는 안 되겠지요. 서로 도와 우리가 지치지 않도록 합시다. 많은 것이 S 씨의 소송에 달려 있기에 저에게는 그것이 중요합니다. 하실 수 있겠습니까? 다가오는 축제의 은총 안에서 여러분들께 대림절기의 좋은 일요일이 되기를 빕니다.

막스

재판을 기다리며

델프 신부가 베를린에 보낸 편지

1944년 12월 16일

선하신 여러분! 제가 항상 체험하고 있는 모든 배려와 사랑을 하느님께서 갚아 주시기를 진심으로 바랍니다. 저는 이런 자비와 신뢰가 얼마나 좋은지 여러분도 한 번은 직접 체험해야 한다고는 원하지 않습니다. 주님이신 하느님께서 그것을 여러분들에게 그분의 방식으로 보여주시길 바랄 뿐입니다. 오늘 변호사가 여기에 왔었습니다. 이제 저는 적어도 제가 기소된 이유를 알게 되었습니다. 이것저것을 악의적으로 끼워 맞추어 놓았군요. 대부분은 나쁘지 않습니다. 재판 일정이 연기된 것은 제가 기소 이유를 알고 난 후인 이제 완전히 다른 방향에서 준비할 수 있으니 저에게는 커다란 은총입니다.

변호사를 위해서 변론문을 써야 합니다. 이를 위해 잉크가 번지지 않는 종이를 보내 주셨으면 합니다.

성탄을 맞이하여 빨랫감을 심부름하는 이에게 무엇 좀 부탁하는 것이 가능할까요? 최근에 여러분이 방문했던 그 사람에게도? 여러분의 방문이 매우 좋은 효과를 내고 있습니다.

보아하니 프라이슬러가 출타 중이기 때문에 P씨의 재판 또한 연기된 것 같습니다.

여러분의 수고를 하느님께서 보상해 주시리라 믿습니다. 이 마지막 대림절에 하느님의 밝은 빛이 함께 하시기를 빕니다. 다시 뵙기를 고대하며.

여러분께 감사드리는 막스

또한 제이콥(카이저)과 (라우렌티우스) 지머 신부(도미니꼬회)가 체포되었는지 빨리 알고 싶습니다. 아주 급합니다. 이것을 알기 전에는 저는 변론문을 완벽하게 마무리할 수 없습니다.

한 베를린 시민의 일기에서

1944년 12월 17일

기뻐하여라 주일16)

지난 주 델프 신부님과 함께 수감되어 고통을 당하고 있는 몰트케 백작은 그가 제기한 질문에 대한 어느 주교(풀다 교구의 요한 밥티스트 디이쯔 박사)의 답변을 48시간 안에 받아내야만 했다. 우리가 이것을 어떻게 가능하게 할 것인가? 오직 매우 섬세하고 사려 깊고 희생을 감수할 각오가 되어 있는 영혼만이 답을 받아오기 위해 위험하고 고생스런 여행을 감행할 수 있을 것이다. 이 임무를 수행할 적합한 사람으로 우리에게 단 한 사람만이 떠올랐다. 하얀 영혼. 그녀는 즉시 응낙했다. 다행스럽게 여러 조건들이 우리를 도왔다. 그 주교는 나의 필체를 알고 있고, 나는 그의 필체를 알고 있다. 따라서 우리는 이름을 쓸 필요도 없이, 다만 그 질문만을 써서 전하면 되는 것이다. 사전에 아무 연락도 하지 않은 채 이른 아침에 주교관에 들어가는 것이 우리의 여성 동지에게는 쉬운 일이 아니었다. 다음날 아침 - 오늘이다 - 그녀는 치마 안쪽에 바느질로 꿰매어 숨겨 온 답변을 가지고 돌아왔다. 몰트케 백작에게는 안정을 주고, 우리에게는 깨달음을 주는 답변을.

"소심한 이들이여, 굳건한 용기를 갖고 두려워하지 말라."

---

16) 역주: 대림 셋째 주일을 말한다. 대림 셋째 주일은 주님 탄생을 기다리는 마음이 지치지 않고 기쁘게 고양되도록 Sonntag Gaudete(기뻐하여라 주일)라는 이름으로 부르고 또 전례 안에서는 이를 상징하기 위해 분홍색 초를 켜기 시작한다.

델프 신부가 뮌헨에 보낸 편지

1944년 12월 18일

…… 그러니 이제 다음 주 화요일과 수요일에 판결이 있을 것이 확실시됩니다. 판사들이 주머니에 넣어 가져올 이미 결정된 사형 판결을 뒤엎는다는 것은 기적일 것입니다. 뒤엎어지지 않는다면 우리는 수요일에 여러 사람이 보는 앞에서, 그리고 하느님의 은총이 함께 하신다면 그분의 빛 속에 서게 됩니다.

저는 지금도 하직 인사를 쓰고 싶은 기분이 아닙니다. 가혹한 운명이 닥쳐올 때면 언제나 이와 같은 차분한 확신이 나타납니다. 사람들이 저에게 그토록 자주 재판에 질 것이라고 말했지만, 저는 줄곧 지리라는 예감을 가져 본 적이 없습니다. 그 허깨비 같은 소송 전체가 어쩐지 저와는 아무 상관도 없는 비현실적인 사안으로 여겨졌습니다. 그러다가도 베드로처럼 눈앞에 덮쳐 오는 폭풍과 파도를 너무나 심각하게 여긴 나머지 겁이 나서 하느님을 원망했던 적도 있었지요. 하느님께서 저로 하여금 정상을 바라볼 수 있는 눈을 뜨게 해주기 위해 무척이나 애쓰셨을 것은 미처 생각지 못했지요.

이제 모든 것은 하느님 손 안에 있습니다. 가능한 한 제 자신을 변호하려 합니다. 육체적으로 어느 정도 견디어 낼 수 있으면 좋겠습니다. 유감스럽게도 우리는 재판 받기 전에 이곳을 떠나게 된다 합니다.(테겔에서 국가 보안사 본부로) 그곳으로 가면 다시 굶주림이 시작됩니다. 격렬하게 퍼부어 내는 공습을 굶주려 지쳐 있는 상태로 맞게 한다는 것은 아주 비열한 처사라 아니 할 수 없습니다. 저는 그 전에 한 조각의 빵이 커다란 은총이라고 자주 말했었지요. 요즈음 저는 그것을 쓰디쓴 체험으로 실감하고 있습니다.

이제 앞으로 일이 어떻게 될 것인지 저는 알지 못합니다. 지금까지는 그저 어떻게든 견디어 낼 수 있으리라는 느낌만이 있습니다. 그럴 수 있다는 어떠한 현실적인 근거도 아직 보이지 않지만 말입니다. 신뢰를 보내 주시는 여러분 모두에게 기도로 감사드립니다. 여러분이 재판 일정을 제때 알게 되어 제 곁에 있어 주시게 되길 바랍니다!

아, 내가 한 시간만이라도 여러분 곁으로 갈 수 있으면 얼마나 좋을까요. 저 때문이 아닙니다. 저는 기쁜 성탄을 맞이할 수 있으리라 믿습니다. 여러분 곁에 있기 위해서입니다. 조금이나마 여러분의 영혼 속에 성탄을 선사할 수 있기 위해서입니다. 저는 여러분에게 커다란 축복을 보낼 것이고, 이 세상의 위대한 신비인 아기 예수에게 여러분과 함께 있도록 기도할 것입니다.

여러분은 또 다시 뮌헨에서 고된 시간들을 견디었습니다. 여러분에게 어떤 일이 닥쳤는지 전혀 소식을 듣지 못했습니다. 여러분 주위에 재난이 있었음을 신문에서 읽었지요. 곧 소식을 전해 주시기 바랍니다.

이젠 그저 계속 기다리고 참고 있으라는 것입니다. 저는 하느님께 간절히 성탄의 빛을 보여주시도록 기도했습니다. 어쩌면 그분은 또 다시 좋은 깜짝 선물을 가지고 계실지도 모릅니다. 아, 그분은 우리를 또다시 일으켜 세우시고 한 걸음 더 앞으로 나가도록 인도하실 가능성을 얼마든지 가지고 계십니다. 길고 불안했던 지난 여러 주 동안에 그것을 저는 자주 체험했습니다. 저는 굳게 믿습니다. 친구들의 기도와 신뢰가 우리 뒤에 있다는 것을 아는 것은 커다란 위안입니다. 그것은 다른 실재들이고 우리는 그들과 함께 해낼 것입니다. 세상 권력에 맞서시는 하느님, 신뢰와 사랑과 확신에 호응하시는 하느님.

저는 여러분들을 위해 몇 개의 촛불을 밝히겠습니다. 친구 여러분, 여러분은 저의 밤길에 이처럼 멀리 함께 해주셨습니다. 그리고 여러분 자신의 밤길도 견디어 내야 했습니다. 우리는 모든 것을 함께 견디어 내지 않습니까. 함께 힘을 합쳐 다시 조금 더 해냅시다. 그러면 한밤중에 빛이 나타날 것입니다. 벌써 그렇게 되고 있습니다. 서로 도웁시다.

게오르그

성탄과 연말연시

델프 신부가 베를린에 보낸 편지

1944년 12월 22일

선하신 여러분! 언제 그 사람(사슬을 다시 채웠던 간수)이 수갑을 가지고 다시 올지 모르기 때문에 지금은 평소대로 익숙한 종잇조각에 쓰는 것으로 만족하고 있습니다. 저는 '제대로' 편지를 쓰고 싶었습니다, 그러나 도대체 오늘날 무엇 하나 '제대로' 된 것이 있겠습니까? 주님이신 하느님이 여러분에게 베푸신 그리스도 선물에 대해 매우 기쁘게 생각합니다. 여러분들의 근심을 알고 난 후로 저는 산이 무너져 내리지 않도록 여러분과 함께 확고히 버티고 있습니다. 여러분이 저에게 훨씬 전에 말해 주셨더라면 더 좋았을 겁니다. 하느님은 좋으신 분입니다, 그것을 우리는 번번이 경험하지 않습니까.

월요일 미사가 남아 있습니다. 여러분이 하고자 하는 대로 하십시오. 여러분에게 조금이나마 이처럼 감사할 수 있어 기쁩니다.

재판 일정이 1월 15일 이전은 아닐 것 같습니다. 그러나 아직 확실치는 않습니다.

이제 성탄을 축하합시다. 해야지요. 모든 어려움에도 불구하고, 아니 바로 그러하기 때문에 즐거운 성탄이 될 것입니다.

순수하고 변형되지 않고, 배경 장치도 일체 없지요. 오늘날 인간은 궁극적 실재들 앞에 직접 서 있는 것입니다. 우리에게 처박힌 번개가 목가적 정경을 불살라 버렸습니다. 그러나 원래는 항상 그래야 하는 거지요. 한 교부는 성탄을 '커다란 함성의 신비'라 부릅니다. 인간 편에 서 주시겠다는 하느님의 이 고백에 대해 피조물인 인간이 감격하는 것이라는 거지요. 우리에게는 우리의 철저한 세속성으로 말미암아 이와 같은 감격을 할 능력이 이젠 없어졌기 때문에 주님이신 하느님께서 우리에게 무엇보다도 먼저 감격이 무엇인가를 – 큰 충격을 받는다는 것이 어떠한 것인가를 – 우리에게 알려 주신 것입니다. 모든 것으로부터 벗어나 아기 예수 옆에서 깨어 있는, 축복받은 시간을 갖게 되는 것이라고 저는 생각합니다.

우리 속에 가지고 있는 모든 자만심을 거부하는 일, 우리가 중요하다고 생각하는 모든 것에서 벗어나는 일, 외줄 위에 서 있는 우리 존재의 무능함을 아는 일, 이 모든 것이야말로 아기 예수를 알게 하는 교육입니다. 이런 것들을 충분히 파악한 저는 이제 아래로 내려와도 되겠지요.

모든 것에 대해 하느님께 감사드립니다. 기도와 믿음 생활이 소홀해지지 않기를 바랍니다.

우리가 가져야 할 새로운 덕은 지칠 줄 모르는 강단입니다. 여러분 모두를 하느님이 보호해 주시기를.

막스

- 상기 44년 12월 22일부 편지에 별도로 추가된 부탁의 글

    1. 여러분은 타트(Tatt) 씨가 무엇을 계획하는지 알고 계십니다. 그가 여기에 남아 있는지, 혹은 뮌헨으로 갈 것인지를 숙고해 주십시오.

    2. 여기에 돌봐 주는 이가 아무도 없는 두 사람이 있어요. 한 사람은 칼스루헤에서 온 프랑크 박사이고 다른 한 사람은 피히텔 산맥에서 온 헤르만 씨입니다. 어떻게 이들을 도울 수 있을지 본당 신부와 한번 상의하십시오.

3. 저의 감방 오른쪽 이웃이고 가톨릭 교인인 변호사 프랑크 박사는 구두 끈 한 벌이 꼭 필요합니다. 그는 구두끈이 전혀 없어요.(저는 한쪽 끈만 필요하구요!)

4. 제가 비누와 면도용 비누를 선물했어요. 뮌헨에 있는 저의 커다란 여행용 가방에는 하얀 상자가 있습니다. 거기서 보급해 주었으면.

5. 제게는 뮌헨에 포도당 몇 통이 아직 있지요. 병석에 있는 간수의 아들을 위해 한 통을 타트 씨가 가져다 줄 수 있을지.

6. 카페인이 최근 신용할 수 없는 노인의 손에 넘어갔습니다. 이런 낭패가!

7. 오늘은 성탄이기에 저는 이 정도 부탁드리는 것으로 만족하겠습니다. 우편물이 배달되기까지 부탁할 것이 새로이 떠오르지 않는다면 말입니다.

8. 겸손하기만 해선 안 되겠습니다. 잉크를 좀 부탁합니다. 전의 것이 다 떨어졌습니다, 종이도 부탁합니다. 모든 것에 대해 감사드립니다.

9. 성냥을 부탁합니다.

델프 신부가 베를린에 보낸 편지

1944년 성탄 후

선하신 여러분! 여러분이 베푸신 많은 호의와 사랑을 하느님께서 갚아주시길!

성탄은 아름답고 고요했습니다. 소송을 비롯한 여러 문제에서 상당히 자유로울 수 있었지요. 자정 미사는 제가 이제까지 드린 미사 중 가장 아름다운 성탄 미사였습니다.

이제 새해를 맞이하게 됩니다. 여러분이 1945년에 커다란 축복을 받으시기를 기원합니다. 이 기원이 실현되기 위해 제가 할 수 있는 것이 있다면 기꺼이 그리고 성심껏 하겠습니다. 저를 위해 여러분께서 계속 기도해 주시고, 도와주시길 부탁드립니다. 주님이신 하느님이 아마도 곧 길을 열어주실 것입니다.

우르비의 봉헌 편지는 43년 2월 15일자로 되어 있습니다. 테오(호프만)나 타트를 통해 성무일도와 미사를 위한 1945년 교회력 지침서를 보내 주실 수 있겠습니까? 여러분들이 보시는 대로 저는 지난 10월 저에게 더 이상 신발이 허락되지 않았을 때처럼 낙관적이고 확신에 차 있습니다.

만사형통하시고 특별히 하느님이 여러분을 보호하시기를.

막스

델프 신부가 뮌헨으로 보낸 편지

1944년 성탄 후

멋지고 평화로운 성탄이었습니다. 저는 여러분의 도움을, 여러분이 가까이 곁에 있음을 강렬하게 느꼈습니다. 여름에 시작한 대림절은 한 번은 그의 빛을, 즉 대림의 성취와 성탄을 얻게 될 것입니다.[17] 사실 저는 이날들을 두려워했습니다. 그러나 그것은 결국 조용하고 축복받은 날들이었습니다. 성야에 드린 미사는 지금까지 경험한 미사 중 가장 아름다운 성탄 미사였지요. 재판으로 인한 근심걱정들에서 저는 상당히 벗어나게 되었습니다. 그리고 몇 번 제가 곧 뮌헨에 가게 될 때 일어날 일에 대한 꿈까지 꾸었지요. 저의 어머니를 뵙고 여러분과 그리고 다른 친구들도 만났지요.

새해에 모든 일이 잘되기를 빕니다. 하느님의 보호와 축복이 있기를, 모든 어려움에도 불구하고 성공하시고, 용기와 힘 그리고 가슴 속의 기쁨이 넘치기를. 그리고 다시 만날 수 있기를.

게오르그

---

17) 역주: 델프 신부는 기소된 이유도 분명치 않은 가운데 나치 정권의 감옥에 수개월 갇힌 몸이 되었으니 스스로 '구원'이 필요한 존재, 즉 대림(하느님이 우리와 함께 하기 위해 오시는 것을 기다림)하는 인간임을 표현한 것이다. 이런 그의 사상을 후학들이 정의한 것처럼 '대림하는 인간'의 인간학으로 특징지을 수 있다.

1944년 연말에 델프 신부와 모든 '우리의' 수인들은 감방에서 파울 게르하르트[18]가 작사한 신년찬송가를 받았다.

    자, 이제 노래하고 기도하며 나아가자 주님께로,
    우리 삶에 지금까지 힘을 주신 생명이신 주님께로.

    우리 한 해에서 다른 해로 넘어가서 행진하네,
    낡은 것을 털어내고 새것을 맞이하여 번창하며 살아가네.

    온 세상을 덮고 있는 수많은 두려움, 괴로움을 다 지나면서,
    공포와 전율을 다 이겨내고, 전쟁과 큰 재앙을 다 통과하며.

    아, 우리 삶의 보호자시여, 정말 그렇지요.
    당신의 눈이 살피시지 않는 행위와 시도는 헛될 뿐이지요.

    매일 아침 주시는 새로운 당신의 신뢰, 찬미 받으소서.
    모든 마음 고통 바꾸어 주시는 강한 손, 찬양 받으소서.

    계속해서 당신께 간청하나니, 오 아버지시여!
    우리가 진 십자가와 고통 중에 함께 하소서, 우리 기쁨의 샘이시여.

    당신과 당신의 은총을 온 마음으로 갈망하는
    저와 모든 이에게 인내하는 마음을 주소서.
    통곡의 문을 닫으시고, 피 흘리는 그 모든 자리에
    이제 기쁨의 강물이 흐르게 하소서.

    우리 가는 모든 길 당신의 온유한 음성으로 축복하소서.
    크고 작은 모든 이에게 은총의 태양이 빛나게 하소서.

---

18) 역주: Paul Gerhardt(1607-1676) - 30년 종교전쟁 시기에 수많은 찬송가를 작사, 작곡한 루터교 소속 목사.

버림받은 자들의 아버지 되시며, 헤매는 자들의 안내자 되시는 주님!
돌보지 못한 자들의 보시가 되시고, 가난한 자들의 풍요가 되시는 주님!

병든 모두를 은총으로 치료하시고, 기쁜 소식을
무거운 마음으로 고통 받는 그늘진 영혼에게 주옵소서.

마침내 우리 모두를 성령으로 충만케 하옵소서.
땅에서는 우리를 영화롭게 하시며, 당신의 성령으로 하늘나라로 인도하소서.

이 모든 것을, 오 나의 생명의 생명 되시는 당신께서
복된 새해에 축복으로 저와 그리스도교 온 백성에게 주시고자 하나니.

델프 신부가 뮌헨에 보낸 편지

1944년 12월 31일

뮌헨에 계신 여러분 모두 폭격 피해를 받지 않고 안전하신지 저는 아직 아무 소식도 못 받았습니다. 올해 마지막 저녁인 지금 온갖 생각이 여러분에게 달려갑니다. 여러 가지로 여러분에게 감사하며 또한 용서를 청합니다. 특히 여러분이 이 긴급 상황을 함께 견디어 내야 하니 말입니다.

성탄 이후로 저는 매우 평온히 지내고 있습니다. 여러분이 저를 위해 매우 열심히 효과적으로 기도했음이 분명합니다. 멈추지 말고 계속해 주시기를 바랍니다. 축제 기간에 조각 배는 가볍게 붙들어 매어졌던 것이지요. 이제 다시 높은 바다를 향해 자유로운 항해가 시작되겠지요.

B 씨에게 저의 안부를 좀 전해 주세요. 그리고 누군가 '성탄절 모습'을 베낄 수 있다면 그에게 그것을 전해 주시면 좋겠습니다. 저는 또한 성탄절의 의미에서 본 하느님 상, 성체의 변화 그리고 독일 사회주의에 관한 몇 가지 단상들을 여러분께 보낼 생각이었습니다. 그러나 저는 이번 주에 많은 것에 매이게 되었고, 게다가 가벼운 감기 기운까지 있어 보통 때보

다 더 피곤한 상태입니다. '성탄절 모습'의 그림이 겨우 완성되었지요.(『죽음에 직면하여』라는 책19)에 소개되어 있음)

친구들에게 안부를 전하세요. 또한 볼퍼캄과 저의 어머니께도. 여러분 모두에게 1945년 한 해 동안 하느님께서 보호해 주시기를 바라고 믿음과 기도 안에서 신의를 지키기를 바랍니다. 여러분은 제가 석방되도록 기도 하시겠지요? 매일 저녁 미사 중에 여러분을 축복하고, 여러분들을 위해 기도합니다. 다른 때도 자주 그럽니다. 모든 것이 잘되기를, 그리고 사랑을 전합니다……

게오르그

델프 신부가 베를린에 보낸 편지

1944년 12월 31일

선하신 여러분! 새해를 맞이하여 진심으로 여러분의 안녕과 하느님의 자애로운 보호가 있기를 빕니다. 많건 적건 올해에 우리가 기대할 수 있는 것은 없습니다. 올해에 그분이 우리에게서 무엇을 기대하는지 그분은 이미 알고 계실 것입니다.

내일은 우리 사회가 기념하는 큰 명절입니다! 저는 12월 8일에 성공적으로 이행된 일에 대해서 매일 새로운 기쁨을 갖습니다. 그로 인하여 저는 지금 살고 있습니다. 하느님께서는 그분이 지으신 우주 안에 확실한 점 하나를 저에게 선물로 주셨습니다. 그것은 제가 오랫동안 기다려 왔던 것입니다. 다른 모든 것은 그야말로 부수적일 뿐입니다.

여러분들의 성실한 배려에 하느님이 보상하시기를 다시금 기원합니다. 저는 그것을 어떻게 갚아야 할지 정말 모릅니다. 12월 8일 이후에 그리

---

19) *Im Angesichts des Todes*, P. Bolkovac S. J., Josef Knecht 출판사, Frankfurt a. M.

고 더욱 더 성탄 이후에 제 안에 커다란 고요가 자리하고 있습니다. 마치 이제 모든 것이 궁극적으로 결정되기라도 한 것처럼 말입니다. 제가 시도하려고 했던 많은 일들이 아주 간단히 마음 깊숙한 곳으로부터 제어되었지요. 여러분, 그것을 아시나요? 사람이 갑자기 뭔가에 감동을 느끼고, 어떤 사안이나, 계획에서 초탈해 버리는 그런 경우 말입니다.

모든 이에게 만사형통하시고 하느님이 좋은 축복 내리시기를……

막스

한 베를린 시민의 일기에서

1945년 1월 3일

이제 델프 신부의 재판이 다른 재판과 함께 1월 9일에 시작된다는 것이 확정되었다. 그것은 이미 12월 중순에 있을 예정이었던 것이 연기된 것이다. 재판은 2, 3일 정도 소요될 것이다.

1945년 1월 5일

공판이 있기 전 면담이 허락되었기 때문에 델프 신부의 누이가 다시 한 번 이곳에 왔다. 오빠는 누이를 다시 보는 기쁨을 한동안 억누를 수 없었다. 델프 신부는 자신이 처한 상황을 확실히 인식하고 있었다. 그는 아주 평온하게 가족에 대한 그의 마지막 바람을 이야기했다. 그의 염려는 그 누구보다 먼저 독실한 어머니에 관해서였는데, 특별히 그녀의 커다란 믿음에 대해 하느님께 깊이 감사드렸고, 그 다음으로 몇 년 전부터 마비 상태에 계신 선한 아버지에 다다랐다.

"가족 모두를 위해 내가 조금 더 돌봤어야 하는데. 이제 하느님께서 그분의 방식으로 돌봐 주실 것입니다."

1945년 1월 6일
주님 공현 대축일

오늘 우리는 또다시 한 뭉치의 서류를 감옥 밖으로 유출해 내었다. 델프 신부는 모든 면을 빼곡하게 글로 채웠다. 아주 깊은 종교적인 관점에서 쓴 일련의 생각들이었다. 손에 채워진 수갑은 이제 자주 헐거워져서 손을 뺄 수 있을 정도이다. '수갑 채우는 간수'를 찾아갔던 것이 좋은 효과를 낸 것이다. 하느님께 감사! 첫 번째 쪽만 대충 읽어 봐도 벌써 이것이 값진 보물이라는 것을 알 수 있다. 모든 것이 감시망에 걸리지 않고 감옥 밖으로 무사히 유출될 때까지 계속 조마조마하며 참아 왔던 나의 마음고생은 보람이 있었다.

1945년 1월 7일

델프 신부의 공판과 그의 변론은 외형적으로 볼 때 잘 준비되었고, 그의 친구들의 변론 역시 마찬가지이다. 깊이 숙고하고 변론의 '방향을 전환'하는 데 있어서 우리들의 생각에만 의존하지 않았음은 다행한 일이다. 밖의 친구들, 특히 폰 타텐바흐 신부가 성실히 함께 생각하고 작업했다.

우리는 델프 신부가 공판 후에 더 이상 미사를 봉헌할 기회를 갖지 못하는 경우를 생각하여 작은 성체주머니를 반입시켰다.

델프 신부가 베를린에 보낸 편지에서

1945년 1월 5일

선하신 여러분, 여러분들께서 베풀어 주신 기발한 방식의 호의에 대해서 진심으로 감사드립니다. 여러분의 호의가 그 다음 어느 구석에서 필요한지 우리가 곧 알게 되기를 바랍니다. 이제 믿음의 시험이 다가옵니다. 한편으로 하느님께 어떤 것도 거부하지 않는 그런 완전한 자유가 있으며,

다른 한편으로 신실한 믿음은 하느님의 마음을 움직인다는 그분께서 우리에게 확실하게 하신 약속이 있습니다. 나에게 내려진 체포 명령에 대해서, 그리고 그 후 좋게 끝날 거라는 생각을 저는 몇 주 전부터 더 이상 하지 않았습니다. 사건 전체는 하느님께 달려 있습니다. 그리고 하느님께서는 신실하게 믿는 자를 거부하지 않는다는 사실은 단지 과거의 이야기만은 아닙니다. 따라서 사태가 심각한데도 불구하고 저는 항상 지속적으로 위안을 받습니다. 항상 계속하여 함께 믿고 함께 기도하시기를 부탁드립니다. 여기서 우리 넷이, 즉 두 명의 가톨릭 신자(델프 신부와 니콜라우스 그로스)와 두 명의 개신교 신자(몰트케와 게르스텐마이어)가 함께 기도하고 하느님의 기적을 믿습니다.

세 통의 동봉한 편지를 람퍼트하임의 뢰머 거리 43번지의 하인리히 쇄퍼 신부에게 보내시기를 바랍니다. 우편이 당사자에게 어느 정도로 직접 전달되는지 알지 못하기 때문에 부탁드리는 겁니다. 사태에 관해 쇄퍼 신부에게 편지를 쓰십시오. 그를 위한 짧은 편지도 여기 함께 있습니다.

아직도 배려해 주시는 미사주에 대해 감사드립니다. 이것을 감방에서는 많이 갖고 있을 수 없고, 항상 작은 병 하나만을 갖고 있습니다.

모든 일이 잘되기를. 하느님이 갚아 주시기를. 그리고 다시 뵙시다. 토요일이나 일요일에 다시 한 번 편지를 쓸 수 있게 되기를 바랍니다.

여러분께 감사드리는 막스

- 재판 직전의 청구 쪽지에서

감사. 다시 뵙게 되기를! 기도해 주세요! 제가 작은 여행용 가방을 받을 수 있을까요? 지금까지 마분지 상자를 들고 다녔어요.

막스

1945년 1월 6일

선하신 여러분, 이제 기도하고 또 기도하면서 신뢰하는 것이 중요합니다. 인간은 하느님께 대해 결코 꾀를 부리거나 인색하게 굴면 안 됩니다. 자신을 드리는 일에서도, 뭔가를 구하는 일에서도, 또한 기다리는 일에서도 말입니다. 저는 이제 막 프라이슬러(민족재판소 소장)가 '성직자 때려잡기로 이골이 난 자'라는 것을 아주 '태연한 마음'으로 알게 되었습니다. 그거야 일이 아주 재미있게 될 것 같습니다. 지금 벌어지고 있는 격투상황에서 말입니다. 말도 안 되는 오류에 불과할지라도 그 안에 어떤 의미가 있을 것입니다. 하지만 사실 때문이 아니라 오류 때문에 제가 갇혀 있다는 것은 정말 웃기는 일입니다.

여러분들의 모든 원조와 도움에 대해 하느님께서 보상하시기를 다시 한 번 빕니다. 언젠가는 여러분이 우리를 위해 하느님의 가장 큰 계명을 실천한 것이 얼마나 큰 보람이었는가를 느끼게 될 것입니다.

여기서의 베드로 생활은 힘겹습니다. 또다시 이 가련한 존재는 물을 바라봅니다. 그리고는 익사합니다. 이 시기에 겪는 심리의 역사는 그 자체로 하나의 테마이지요. 상처도 많았고, 기적도 많았습니다. 수도원에 있는 듯이 지낸 적이 별로 없었습니다. 제 안에 그리고 하느님 안에 머무는 경우도 드물었습니다.

여러분을 하느님이 항상 보호해 주시고 축복해 주시기를 빌며.

막스

1945년 1월 7일

선하신 여러분, (공판은) 다음 주 화요일과 수요일입니다. 제가 월요일에는 이미 여기를 떠난 상태(수인들은 재판을 위해 프린쯔 알브레히트 거리에 위치한 국가 안전부 본청으로 이송됐음)가 되므로 그 전에 미사를 드릴 것입니다. 제가 알아야 또 하나의 중요한 것은 타텐바흐가 떠나기 전에 첫 번째 편지를 받았는지 하는 것입니다. 받지 않았다면 금명간에 받게 되겠지요. 관련 진술이 늦어도 월요일에는 고등검찰청에서 있을 거랍니다.

또한 S 씨와 관련된 사안이 어떻게 진행되고 있는지도 알고 싶습니다. 이제 외줄 타기가 시작됐습니다. 제 상태는 아주 좋습니다. 그리고 여전히 담담한 심정입니다. 저는 다른 고소장에 무슨 내용이 담겨 있는지 물론 모릅니다. 하지만 거기에서 예상치 않게 놀랄 만큼 좋은 것들이 튀어나올 수도 있다는 얘기를 듣긴 했지요.

따라서 기적이 일어나지 않는다면 그 양반들이 주머니 속에 넣어 가져오고 있는, 이미 내려진 판결이 뒤집어지는 일은 결코 없을 것입니다. 머리는 올가미 속에 놓여 있습니다. 잡아당겨 조여지기 전에 다시 빠져나오게 해야 합니다.

하느님이 여러분을 보호하시기를! 여러분의 모든 사랑과 선행을 하느님께서 갚아 주시기를 바랍니다.

모든 고통과 슬픔에도 불구하고 저는 한순간도 하느님을 원망하지 않습니다. 모든 것은 씨앗입니다. 오래된 선한 인사와 기원을 드리며.

막스

프라이슬러 앞에 선 예수회 신부 델프

몰트케 백작이 재판에 관해 적은 글

판결 이유

엄청난 결투

한 베를린 시민의 일기에서

1945년 1월 11일

이 얼마나 끔찍한 날인가! 여섯 명이 교수형 선고를 받았다. 델프 신부, 몰트케 백작, 니콜라우스 그로스 그리고 뮌헨 출신의 바이어른 퇴임 영사인 프란쯔 쉬페르, 그리고 두 번째 재판에서 안드레아스 헤르메스 박사, 쉬텔쩌 박사. 변호사인 프란쯔 라이제르트 박사, 푸거 후작 그리고 델프 신부의 감방 이웃인 오이겐 게르스텐마이어 목사 등 세 명은 장기 징역형을 받았다. 재판에 관해서 우리가 지금 알고 있는 것은 그들이 경악했다는 것뿐이다. '분노하는 로란트20)'(프라이슬러)는 자기 이름의 진가를 높였다. 예수회원인 델프 신부와 '그리스도인'인 몰트케 백작은 프라이슬러에게 성난 황소를 자극하는 투우사의 붉은 천처럼 작용했던 것이다. "세상이 너희를 미워하는데 놀랍지도 않으냐?" 모든 피고인은 적절히, 아주 제대로 행동했다고 변호인단 중 한 사람이 진술했다.(그는 '비밀스런 국가사'에 관해서 어느 정도 진술할 정도로 과감하였다!) 델프 신부는 공판 받는 내내 성체를 작은 지갑에 넣어 지참하고 있었다. "위로부터 너에게 어떤 권능도 부여되지 않았다면 너는 나에게 어떤 권능도 갖지 못할 것이다."

프란쯔 폰 타텐바흐 신부가 어느 한 경당에서 피고인들을 위해 드린 공동 미사 후에도 우리 여자들은 재판이 벌어지는 날들 내내 이 경당에서 함께 기도하기로 다짐하였다. 오늘 저녁 무렵 우리는 민족재판소에서 사형수들을 압송하는 수송 차량을 보았다. 어디로 가는 것일까? 즉시 형을 집행하기 위해 플뢰첸제로 가는 것일까? 아니면 다시 한 번 감옥으로 가는 것일까?

---

20) 역주: 로란트(Roland) - 칼 대제(8세기) 휘하에서 명성을 떨치던 기사. 그를 주인공으로 한 여러 서사시 중 하나의 제목이 '분노하는 로란트'이다. 프라이스러(Freisler)가 '분노하는 로란트'로 불리게 된 것은 그의 이름이 또한 로란트이기 때문이다.

델프 신부가 베를린에 보낸 편지

1945년 1월 11일

선하신 여러분, 이제 사태는 결국 다른 방향으로 진행되고 있는 것 같습니다. 하느님이 원하시는 대로 따라야지요. 모든 것을 그분의 자유와 선의에 맡기려 합니다.

모든 선함과 사랑에 대해 하느님께서 갚아 주시기를 빕니다. 그것은 결코 재판이 아니라 증오의 난장판이었습니다…….

원래의 혐의는 전혀 쟁론화되지 않았습니다.

…… 이 소송의 방식을 통해서 인생은 정말이지 좋은 화두를 얻었습니다. 이 화두를 위해 죽을 수도 있고 살 수도 있습니다. 판결 논거 또는 공판에서 다음 네 가지 사항이 거론되었습니다.(그 밖의 다른 모든 것은 말할 가치가 없는 것입니다. 7월 20일 사건 등과는 전혀 관련이 없다는 사실이 중요합니다.)

1. 패전이 가능하다고 보고 그 후 독일의 미래를 생각한 점["우리와 함께 최후의 독일인이, 나치당(NSDAP)과 독일 제국, 독일 민족이 함께 사라지는 것이다."라는 프라이슬러의 말]
2. 나치(NS: 민족사회주의)와 그리스도교는 서로 맞지 않는다. 이 사상에서 출발하였기 때문에 나의 생각은 틀렸고 위험했다는 것이다. [몰트케에게 혐의가 가해진 '(독일의) 재그리스도교화' 주장은 '독일에 대한 공격'이라는 것이다.]
3. 예수회는 위험하고, 이 예수회원은 저열한 인간이다. 우리는 근본적으로 독일의 적이라고 간주되었다.
4. 사회정의에 관한 가톨릭 교회의 가르침은 다가오고 있는 사회주의의 기초가 되는 것이다.

재판은 녹음되었습니다. 적절한 시점에서 누군가에 의해 쓸모 있게 이용될 수도 있을 것입니다. 제가 죽어야 한다면 저는 최소한 왜 죽어야 하는지 알게 되었습니다. 오늘날 많은 사람들 가운데 자신이 죽는 이유를 알고 있는 사람이 과연 얼마나 될까요? 저희는 이 네 가지의 진리와 사실을 위한 증인으로 죽게 됩니다. 그리고 제가 설령 살아남는다 하더라도, 제가 무엇 때문에 미래에 있게 되는지 또한 알게 되었습니다. 모든 친지들에게 안부를 부탁드립니다.

모든 것에 대해 하느님이 보상해주시기를. 부흐홀쯔에게 아직도 우편이 있어요. 챙겨 가시기 바랍니다. 재산 목록을 뮌헨으로 보내셔서 물건들을 잃지 않도록 특별히 유의하십시오. 지금까지 저는 어떤 두려움도 갖고 있지 않습니다. 하느님은 좋으신 분입니다. 기도해주시기 바랍니다. 기도에서 저는 답변을 얻을 것입니다.

다시 뵙기를 빌며.

막스

델프 신부가 뮌헨에 보낸 편지

1945년 1월 11일

이제 작별 인사를 써야 하겠습니다. 하느님은 전적인 희생을, 우리가 바라는 것과는 다른 길을 원하시는 것 같습니다. 사형 선고가 구형되었습니다. 법정의 분위기는 완전히 증오와 적개심으로 가득 차 있어 저에게는 모면할 길이 전혀 보이지 않습니다. 증오와 적개심이 전 소송을 이끌었지요. 원래 문제가 된 피의 사실이 거론되기 시작했습니다. 그러나 저는 검사의 첫 마디 말에서 결과는 이미 정해져 있음을 알아차렸습니다. 저는 지금 내적으로 매우 특이한 상태에 있습니다. 저는 사태가 이대로 진행된다면 오늘 저녁에 죽게 되리라는 사실을 알면서도 전혀 그런 기분이 들지 않습니다. 하느님께서 아마도 은총을 주시고, 죽는 순간까지 죽음에 대한 두려움을 없애 주시는 것 같습니다. 또는 저더러 계속 기적을 믿으라는 것일까요? adoro(찬미)와 suscipe(봉헌), 이것이 제가 쓴 '주님의 공현을 생각하며'라는 글의 마지막 두 단어였습니다.(『죽음에 직면하여』에 수록되어 있음)

　이 얘기는 그 정도로 하지요. 슬퍼하지 마십시오. 저를 위해 기도하시고 저도 여러분들을 위해 돕겠습니다. 여러분은 곧 알게 될 것입니다. 이제 저는 완전히 저를 버려야 합니다. 모든 사랑과 덕행과 신뢰에 감사드립니다. 저의 변덕이나 성숙치 못함, 그리고 완고함과 악한 점을 마음에 두지 마십시오. 모든 친구들에게 안부를 전해 주세요. 무슨 일이 벌어지더라도 그것은 여러분과 이 민족을 위해서 씨앗과 축복과 희생으로 주어진 것입니다…….

게오르그

몰트케 백작이 재판에 관해 적은 글[21]

　…… 그런 다음 뮌헨에서의 회합이 도마에 올랐는데, 검찰의 공소장에 기술된 것보다는 훨씬 덜 위험한 것으로 밝혀졌다. 하지만 가톨릭 교회 성직자들과 예수회원들에게는 질책이 퍼부어졌다. 폭군살해 동의, 마리아 숭배, 사생아 문제, 독일에 대한 적대감 등등을 문제 삼았다. 그 모든 질책이 강하지도 약하지도 않은 중간의 톤으로 진행되었다. 델프 신부가 자기 집에서 열렸던 모임에 배석하지 않고 빠져나왔다는 사실 역시 그야말

---

21) 헬무트 J. 몰트케 백작의 『테겔 감옥에서 보낸 마지막 편지들』에서 발췌한 글. 베를린의 칼 H. 헨셀 출판사의 친절한 허락이 있었음.(앞으로 모든 인용은 헨셀 출판사의 동의를 받은 것임.)

로 진짜 예수회원다운 교활함이라고 꼬집었다.

"당신이 그 자리에 배석하지 않고 빠져나왔다는 바로 그 사실 자체로써 그곳에서 대역모의가 이루어진다는 사실을 당신이 알고 있었다는 것을 당신 스스로가 증명하는 것이다. 당신은 머리 한가운데를 삭발한 그 골통으로 기꺼이 거룩한 사람으로 남아 있으려고 밖으로 나간 것 아닌가. 이 자는 그 시간에 그 역모가 하느님 마음에 드는 방식으로 성공하길 기도하기 위해 성당 안으로 들어갔던 거 아닙니까?"

"자 이제 결론이 나왔어요. 도대체 거기에 있었던 자가 누군가요? 한 예수회 신부지요. 하필이면 왜 예수회 신부란 말인가! 그자와 함께 당신은 세상 차원의 저항 문제를 논의했단 말이요. 그리고 당신은 예수회 관구장 신부도 알고 있었다구! 그자 역시 한 번은 크라이스아우에 함께 있지 않았는가! 한 예수회 관구장이, 즉 독일의 가장 위험한 적군들의 고위급에 속하는 신부가 크라이스아우에 있는 몰트케 백작을 방문했다 그 말이요! 그런데도 당신은 부끄럽지도 않은가? 어느 독일인이라도 예수회원이라면 쇠 젓가락을 갖다 대지도 않을 지독한 흉물[22]이란 말이요! 그 자들은 골수에 박힌 그들의 입장 때문에 국방의 의무에서조차 제외된 놈들 아닌가! 나는 어떤 도시에 예수회 관구장이 있다는 사실을 안다면 그것 하나만으로도 그 도시엔 결코 가지 않는 이유가 되는 그런 사람이다! 그리고 또 다른 성직자 놈은 어떤가, 그곳엔 무엇 하러 갔었는가? 그들은 내세 일이나 염려할 것이고, 이곳에 있는 우리는 조용히 내버려두어야 하지 않는가. 그런데 당신은 주교들을 방문했지 않소! 당신은 한 주교에게서, 어느 한 주교에게서 무엇을 잃어버렸기라도 했단 말인가? 당신이 명령 받을 곳은 어디인가? 당신이 명령 받을 곳은 다름 아닌 우리의 '지도

---

22) 역주: 사냥꾼들의 용어. 사냥에서 잡은 동물을 불에 구워 먹을 때, 그 노획물이 너무 흉측해서 쇠 젓가락을 갖다 대기조차 꺼린다는 데서 유래함.

자'이고 독일국가사회주의노동당(NSDAP)이 아닌가! 그것은 모든 독일인 한 사람, 한 사람에게 다 해당되듯이 당신에게도 해당되는 것이다. 그처럼 위장한 형태로 예수회의 지휘부로부터 명령을 받는다는 것은 적에게서 명령을 받는 것이나 마찬가지로 취급될 것이다."

…… 재판에서 가장 극적이었던 것은 궁극적으로 다음과 같다. 모든 구체적 혐의 사실들은 재판이 진행되면서 견지할 수 없는 것으로 증명되었고 따라서 기각되었다. 피소된 사안 어떤 것도 남아 있지 않았다. 제3제국이 다섯 명에 대해서 – 나중에는 일곱 명으로 불어났다 – 사형에 처해야 할 정도로 두려움을 가졌던 사안은 종국에 가서는 다만 다음과 같은 것이다. 한 개인이, 즉 '내 남편'이 가톨릭 신부와 개신교 목사, 그리고 예수회 관구장 신부와 몇몇 주교들과 함께 어떤 구체적인 것을 행할 의도 없이 만난 것이 확실하고, '지도자의 전권에 해당하는' 일을 상의했다는 사실이 확실하다는 것이다. 공판에서 거론된 것은 이른바 조직에 관한 것도 아니고, 제국의 재정비도 아니었다. 이 모든 것은 재판 과정에서 거론되지 않았으며, 고등법원의 변호사인 슐쩨 씨 역시 그의 변론에서 이 점을 분명히 언급했다.('그 논의에서는 어떤 폭력이나 조직에 관한 말이 나오지 않았기 때문에 이 문제는 다른 모든 사건과는 판이하게 다른 것이다.') 법정에서 다루어진 문제는 그리스도교의 실천윤리적 요구에 관한 문제였지, 그 밖에 다른 문제가 아니었다. 단지 그 문제 때문에 우리는 유죄 판결을 받은 것이다. 프라이슬러는 그가 행한 장광설의 한 부분에서 나에게 말했다.

"단지 한 가지 점에 있어서만 그리스도교와 우리는 일치한다. 즉 우리가 바라는 것은 전체 인간이다!"

델프 신부에게 쓴 몰트케 백작의 편지

1945년 1월 테겔

공경하올 델프!

제가 당신의 편지를 완전히 해독할 수 있었다고 말한다면 그것은 분명 거짓말일 것입니다……. 주님의 섭리 안에서 이 모든 것이 무엇 때문에 필요한지 누가 알 수 있겠습니까. 우리에게는 오직 한 가지만이 있습니다. 우리가 비록 어둠 속으로 가야만 하고 우리 앞에 놓인 길을 볼 수 없다 하더라도 그분의 인도를 기쁘게 신뢰하는 것이지요…….

그래서 당신과 게르스텐마이어 씨와 제가 소송의 진정한 표적으로서 끝까지 남게 된 것입니다. 그렇게 함으로써 프라이슬러는 가톨릭 교회와 복음주의 교회를 계속 공격했지요. 모든 이해와 권력으로부터 자유로운 저를, 가톨릭 신자들과 맺은 관계 때문에 심한 공격을 받았던 개신교의 평신자인 저를 나치주의자인 프라이슬러는 제가 그리스도인이라는 오로지 그 하나만의 이유로 단죄하려 했던 것입니다. 그 과정에서 그는 그리스도교와 나치즘은 마지막까지 타협할 수 없다는 사실을 극단적이고도 명확한 표현으로 실토하게 되었지요. 우리가 비록 죽는다 하더라도 많은 수확을 가져오게 될 씨앗으로서 땅에 떨어진다는 것을 말입니다. 이와 같은 특이한 정황 하에서 프라이슬러에 대적하는 이 역할은, 혹은 이 희생은, 바로 저만이 해낼 수 있는 일이지요…….

우리는 고통 받는 사람으로서 하나의 사명을 완수했습니다. 주님께서 앞으로 우리에게 또 다른 과제를 부여하신다면, 그렇다는 얘기를 들은 것 같습니다마는, 우리는 그 과제를 완수하기 위해 또다시 나설 것입니다. 우리를 당신께로 부르시는 것이 그분의 뜻이라면 45년 1월 9일에서 11일까지 있었던 일이 우리들의 삶에 하나의 의미를 부여했다고 봅니다. 오늘날 많은 사람들은, 아니 대부분의 사람들은 그러한 의미를 부여받지 못한 채 죽어 가지요. 이 점에 대해 우리는 우리가 맞이하게 되는 길이 비록 플뢰첸제에서의 죽음이라 하더라도 감사할 따름입니다.

우리에게 베풀어진 대기하는 시간 동안 많은 시험이 있게 될 것입니다. 우리에게 주어질 또 다른 사명을 굳게 믿읍시다! 그러나 당신도 아시겠지만 저 자신은 주님이 비록 저에게 프라이슬러의 입을 통해 하나의 사명을 주시긴 했지만, 그 사명의 완성을 위해 몇 시간을, 또는 며칠을, 또 혹은 몇 년을 저에게 더 주실 것인지에 대해선 말해 주시고자 하지 않았다고 생각합니다. 따라서 비록 그 길을 우리가 알지 못한다 하더라도 우리는 믿음 안에서 당당하게 기쁜 마음으로 우리의 갈 길을 걸어가야 합니다. 그렇게 하느님은 명령하셨습니다! 그 길은 우리를 자유의 세계로 혹은 교수대로 인도할 것입니다!

한결같은 당신의 M.

당신은 그리스도교에 대해 결코 화해될 수 없는 적대적인 입장을 명백하게 드러낸 법정에서의 그 극적인 순간을 기술한 보고문을 작성했을 것이라고 기대합니다. 우리가 죽음을 당하게는 되겠지만, 우리는 여하튼 많은 씨가 뿌려지기를 바라기 때문이지요.

판결 이유

1945년 1월 11일 민족재판소 제1재판부의 판결 이유서에서 발췌[23]

"…… 헬무트 몰트케 백작은 괴델러의 역모를 알고 있었다. 백작은 이에 협력할 것을 완강히 거부하였고, 그의 정치적 친구들에게도 괴델러를

---

23) 발터 아돌프의 저서 『교수대의 그늘 아래서』(모루스 출판사, 베를린 1953, 48쪽 이하)를 참조.

조심하라고 경고까지 했지만 그 역모 사실을 신고하지 않았다. 패배주의에 빠져 있던 그 자신은 우리의 제국이 패전할 경우 비나치주의자들과 함께 권력을 장악할 목적으로 패거리를 조성했다. 이로써 그는 영원히 불명예스런 인사가 되었다. 그를 사형에 처한다. 예수회 신부인 알프레드 델프는 매우 긴밀하고도 열정적으로 헬무트 몰트케 백작에게 협력하였고, 중요한 정보 교환을 위해 그와 풀다 교구 주교와의 면담을 주선했으며, 또한 뮌헨에 있는 자신의 거처를 역모를 거사하는 일에 쓰도록 그에게 제공했다. 그로써 그는 영원히 불명예스런 인사가 되었다. 그를 사형에 처한다……

…… 몰트케 백작은 예전부터 종교와 교회 문제에 관심이 많았다. 특히 국가와 교회의 상호관계에 관하여, 무엇보다도 '재그리스도교화'의 문제에 관하여, 그 밖에도 농업 정책과 자치 문제에 관심이 많았다.

대략 1941년 이후로 그를 사로잡은 것은 전쟁에 진다면 나라가 어떻게 될 것인가 하는 물음이었다. 전쟁이 진행되어 가면서 그에게는 패전의 가능성이 점점 더 커져 보였다. 따라서 그는 패전 후에 무슨 일을 해야 할 것인가 하는 물음에 골몰했다. 몰트케 백작은 국가 붕괴의 경우에 대처하는 방안을 강구해야 하고, 국민의 남아 있는 힘을 결집시켜야 한다고 말한다. 그것도 '정당, 노동조합, 그리고 이와 유사한 기구들을 배제한 정권' 하에서 일할 인물들을 물색하는 일이 자신이 해야 할 당면 과제라고 생각했다는 것이다.

그는 많은 친지들, 그중에는 이미 처형당한 모반자들인 바르텐부르크의 요크 백작, 슐렌부르크 백작, 트로트 쮸 솔쯔아, 본 재판에서 유죄판결 받은 예수회 신부 알프레드 델프와 오이겐 게르스텐마이어 목사 등등이 포함되어 있는데, 이들과 함께 그의 집 혹은 바르텐부르크 백작의 집에서 본 사건의 근본적인 사안뿐만 아니라 구체적인 세부사항들도 논의했다.

이 집회에 참석한 사람 중에 국가사회주의자는 한 명도 없었다. 1942년 몰트케 백작은 자신의 주변 인사들로 동아리를 조직하여 매 주말마다 집회를 갖기 위해 크라이스아우에 있는 자기 집으로 소집했다. 여기에는 그 사이 고인이 된 미이렌도르프, 라이히바인 교수와 모반자 테오도르 하우바흐도 속했었다. 이 모임에서 그는 '재그리스도교화'의 문제, 국가와 교회의 관계, 그리고 사회정의에 관한 교황의 '40주년 기념회칙'에 근거하여 예수회 신부 알프레드 델프가 사회문제에 관한 가톨릭 교회 입장을 주제로 하여 행한 강연 내용 등을 논의했다. 이 모든 논의는 국가 패망을 예상하고 그로써 발생하게 될 '공백 상태'에 대처할 수 있는 인력이 있는지, 있다면 그것을 어떻게 얼마나 모이게 할 수 있을 것인지를 점검해 보기 위한 것이었다……. 몰트케 백작에게는 기존의 노동조합 인사들과 가톨릭 교회가 어느 정도로 협력할 수 있는지, 특히 가톨릭 교회의 사회사상이 어떠한 것인지, 그리고 이 사상이 두 영역의 협력 가능성을 제공해 주는지, 그 여부를 확정하는 것이 중요했다. 이를 위해 예수회 신부 알프레드 델프는 크라이스아우에서 발제 강연을 하기 이전에 이미 베를린에서 위에 언급한 '사회정의'에 관한 교황의 교칙인 '40주년 기념회칙'에 근거한 보고서를 그에게 작성해 준 일이 있었다.

　몰트케 백작과 미이렌도르프는 예수회 신부 델프에게 그가 내세운 '사회정의'가 가톨릭 교회의 공식 입장인지 아니면 단지 그의 개인적 견해인지를 확정할 수 있게 해주면 좋겠다고 말했다. 그래서 몰트케 백작과 미이렌도르프는 델프 신부를 통해 풀다 주교인 디이쯔 박사를 소개받았고, 이 주교는 넷이 함께 한 대화에서 '40주년 기념회칙'에 기술되어 있는 '사회정의'가 가톨릭 교회의 공식적인 사회관임을 확인시켜 주었다. 이 공식 입장이 함께 연대하여 행동할 근거를 제공해 준다고 몰트케 백작은 생각했다……. 몰트케 백작이 이로써 행한 모든 것은 대역적죄에 해당한

민족재판소 법정에 선 알프레드 델프 신부, 그의 오른쪽은 몰트케 백작(베를린 모자이크 출판사의 친절한 허락으로 게재함)

다……. 예수회 신부 알프레드 델프는 헬무트 몰트케 백작의 역모 행위의 적극적인 조력자의 한 사람이다.

　…… 대화에 흥미를 가지게 된 트로트 쭈 솔쯔는 델프를 바르텐부르크의 요크 백작에게 소개해 주었다. 그들이 나눈 면담의 주제는 사회적 문제에 관한 것이었다. 델프는 이미 알려진 교화의 교칙인 '사회정의'에 관한 '40주년 기념 회칙'의 입장을 소개했고, 그것은 '소유의 공동체 우선' 원칙을 선언한 것이라고 설명했다. 그러자 바르텐부르크의 요크 백작은 델프에게 그의 생각을 몰트케 백작에게 한번 개진해 보지 않겠느냐고 물었다. 예수회 신부 델프는 이에 동의했다. 그들은 몰트케 백작에게 갔다. 거기에는 프리드리히 박사(미리엔도르프의 가명), 마아쓰, 그리고 게르스텐마이어도 와 있었다. 미이렌도르프는 '사회정의'에 관한 델프의 설명에 대해 회의적이었다. 델프 신부는 교황의 '40주년 기념 회칙'을 구해 주겠다고 약속했다. 몰트케는 델프 신부를 크라이스아우로 초대했다. 그곳에서 그 문제들을 여러 관점에서 검토해 볼 수 있을 것이라고 했다.

　예수회 남독일 관구의 관구장인 뢰쉬 신부는 1942년 8월 델프 신부에게 다시 한 번 몰트케 백작에게 가서 국가의 실정법에 관한 교회의 입장을 설명해 줄 것을 부탁했다. 뢰쉬의 소망에 따라 델프는 다시 베를린에 갔고, 그곳의 바르텐부르크의 요크 백작의 집이나 또는 몰트케 백작 집에서 이 두 사람과 게르스텐마이어, 마아쓰, 미이렌도르프가 참석한 가운데 가톨릭의 국가론의 기본 원칙들에 관하여 말했다. 요점은 가톨릭의 국가론은 국가 형태와는 무관하고, 상황에 따라서는 어떤 형태의 국가 내에서도 실천될 수 있다는 것이었다.

　…… 델프는 또한 1943년 초에 몰트케 백작이 뮌헨에 왔었고, 라이저트와 대화를 할 수 있도록 주선해 달라는 부탁을 했다는 사실을 인정했다. 그리고 그가 몰트케 백작과 대화를 하고 있을 때에 예수회 관구장 뢰

쉬와 예수회 신부 쾨니히가 오자 몰트케 백작은 이 두 사람과 함께 자리를 떴다는 사실도 인정하였다.

델프는 또한 1943년 초에 쾨니히가 라이저트, 쉬페르와 푸거 후작을 자기 집에 하루 묵고 가도록 초대했는데, 모든 사람들이 다 모이자 그들의 회의에 참여하는 것은 자신의 일이 아니라고 생각해서 자신은 그 자리를 떠났고, 회의가 끝나고 나서 비로소 다시 돌아왔노라고 진술했다. 그의 이러한 행동이 그의 죄를 경감시킬 수 없다는 것은 굳이 설명할 필요가 없다. 그가 비록 그들의 회합에 몸소 참가하지는 않았지만 그가 말하자면 반국가적인 회합의 주선자 노릇을 했다는 사실만으로도 그의 죄는 충분한 것이다. 그런데, 그가 스스로 증언한 바와 같이, 그 회합 직후에 새로운 회합이 그의 집에서 벌어졌는데, 그 자리에 몰트케 백작은 없었지만 그의 공범자들인 쉬텔쩌와 미이렌도르프(프리드리히)가 참석했고, 그때에도 델프는 첫 번째 모임에서와 똑같이 처신했다……

…… 이 모든 것은 델프가 크라이스아우 그룹이 꾸민 역모의 한가운데서 매우 적극적으로 참여했다는 사실을, 그것도 예수회 남독일 관구장인 뢰쉬 신부에게 전권을 위임받아서 행동했다는 사실을 명백히 증명한다. 따라서 델프의 태도에 관해서도 헬무트 몰트케 백작이 취한 행동을 다룬 조서에서 상세히 기술된 그 모든 것(형법 83조, 91조 b항, 전시특별형법 규정 5조)이 유효하게 적용된다. 물론 알프레드 델프는 항상 자기네 교회가 추구하는 나라는 저 하늘에 속하는 것이라고 주장하는 사람들에 속한다. 그러함에도 불구하고 그는 명백한 국가의 적들을 포함한 골수 비국가사회주의자과 함께, 전쟁이 벌어지고 있는 이 와중에서 그처럼 노골적인 음모의 계획을 획책했고, 스스로 적극적으로 앞장섰으며, 심지어는 서슴지 않고 자신의 거소를 공모를 위한 은신처로 제공까지 했던 것이다. 그는 스스로를 교양 있는 사람이라고 자처한다! 따라서 그는 교양 있는 사

람이 지켜야 하는 의무를 남달리 특별히 인지하고 행동을 통해 존중해야만 했었다. 그럼에도 불구하고 그가 전쟁 중에 이런 모반을 저지른 것은 그의 완전한 불명예를 입증하는 것이고, 따라서 제국의 안녕을 위해서 그에 대한 사형 선고는 불가피한 것이다……."

엄청난 결투

오이겐 게르스텐마이어 박사의 글[24]

주의 깊은 태도로, 몸은 약간 앞으로 구부린 채, 양손을 가끔 마주잡으면서 알프레드 델프는 1945년 1월 9일 재판관 앞에 섰다. 한편에는 소탈한 외출복 차림의 떳떳하고 체격 좋은 예수회 신부, 다른 한편에는 붉은 가운을 입은 활기 없는 얼굴에 반쯤 머리가 벗겨진 판사 프라이슬러. 비밀경찰의 사전 취조가 한 달 동안이나 계속됐었다. 공판 일정이 잡혔다가 다시 취소되기를 여러 번 반복했다. 삶을 포기하고 죽음을 준비했던 이런 저런 사람들이 신문에 실린 전황 소식란 옆에 실린 작은 크기의 지도에 다시 곁눈질을 하기 시작했다. 전선의 상황에 대해서, 서쪽과 동쪽에서 쇄도해 오는 적군이 국경 안으로 침입하고 저지선을 돌파했다는 소식들에 대해서 이들은 점점 더 촉각을 세우고 주시하였다. 테겔 감옥의 '시체 안치소' 제8구역에 수감된 사형 집행을 기다리는 이들에게 신문은 금지되어 있었지만, 아무튼 우리들의 손까지 전달되었다. 어떤 돌발적인 상황의 발현도 자신들을 사형 집행관의 손에서 해방시킬 수 없으리라고 확신했던 이들조차도 동요는 아니었지만 내적으로 이미 그토록 멀리 떠나 버린 세

---

24) 최고장로회의의 이사이자 국회의원인 E. 게르스텐마이어 박사, "그리스도인의 양심에 따른 행동 공동체는 하나의 유산이다."(라인니셔 메르쿠어, 쾰른, 1954년 7월 16일, 제29호)

상의 일에 조심스런 관심을 보이기 시작했다.

그런데 그때 결판의 날이, 아니나 다를까, 해방군보다 먼저 찾아왔다. 프라이슬러는 열성적으로 대들었다. '크라이스아우 그룹'에 대한 공판이 열린 것이다. 재판은 델프 신부 건을 제일 먼저 다루었다. 그의 등에 생긴 피로 얼룩진 고문의 흔적은 아직도 아물지 않은 상태였다. 베를린의 마이네케 가에 위치한 어느 지하실에서 비밀경찰은 그에게 죄를 자백할 것과 불리한 진술을 강요했다. 그는 사실을 사실대로 말하면 다시 그 지하실로 끌려가게 되리라는 것을 알고 있었다. 그러나 그는 저항했다. 그는 자기의 기질과는 판이하게 다르게, 전례를 찾아볼 수 없을 정도로 자제하는, 목소리를 높이거나 내리지 않는 균일한 조심스런 억양으로 폭넓은 전술을 구사하는 가운데 펼쳐지는 프라이슬러의 퍼부어 대는 공격을 받아냈다. 붉은 법복을 입은 이 남자가 가하는 어처구니없는 모욕과 가차없는 증오에 저항했다. 이런 델프의 방어를 프라이슬러는 이틀 후에 내린 사형 언도의 이유에서 '실로 거대한' 것이라고 표현했다. 그럼으로써 그는 뭔가 진실을 건드린 셈이다. 왜냐하면 수미일관(首尾一貫)하게 히틀러를 변호하기 위해 싸우는 투사와 예수회의 일원인 한 사람과의 이 만남에는 일반적으로 우리가 사람들의 만남과 사람들 사이의 대결에서 볼 수 있는 그런 관습적인 – 민족재판소 이전부터 내려오는 것도 포함하여 – 차원을 뛰어넘는 그 어떤 무엇이 있기 때문이다!

범죄적 성격의 수단도 마다하지 않은 가혹한 비밀경찰의 수사에도 불구하고 크라이스아우 회합에 관련된 사람들, 특히 델프에게 제시된 범죄의 구성 요건은 미비한 것이었다. 검찰에 의해 증거로 제시된 범죄의 구성 요건들은 실제로 증명된 것도 아니고, 크라이스아우 그룹이 쿠데타를 정신적, 정치적으로 준비하고 실행하는 거사에 참여했다는 객관적인 주장을 대략적으로도 뒷받침하지 못했다. 몰트케, 델프 그리고 다른 아직 살아 있는 크라스아우 회원들을 고발한 이 재판에서 실제로 중요한 것은 그들의 범법 행위를 증명하느냐 못하느냐가 아니라, 제3제국이 받아들일 수 없었던 신념과 태도를 단죄하고 말살시키는 일이었다.

 7월 20일 직전에 델프 신부가 밤베르크에서 쉬타우펜베르크 백작을 만났고 오랫동안 대화를 했다는 것은 증명되었다. 그러나 그 둘 사이의 대화가 바로 있을 국가 전복 기도에 관한 것이었는지는 확인되지 않았다. 델프 신부에게 내려진 사형 언도가 이런 식으로 심증에 근거를 두고 있는 한, 그것은 살인 행위에 다름 아니다. 마지막 테겔에서 쓴 편지에서 델프 신부는 자신에게 언도된 사형에 관한 이 모든 사법부의 논거들은 단지 '무내장치'요, 직나라한 증오를 가려 주는 역할도 제대로 못한 보잘 것 없는 가리개에 불과하다고 말했는데, 이는 올바른 지적이었다. 그런데 도대체 누구에 대한 증오였는가? 그렇다, 그것은 전체주의 국가의 독재보다 훨씬 더 권능 있는 명령 심급(審級)에 대한 증오였던 것이다. 크라이스아우의 다른 회원들은 의식적으로 또 자발적으로 히틀러를 제거하는 데 그들의 노력을 경주했기 때문에 교수대 위에서 죽었다. 그러나 몰트케의 경우에도 그러리라 짐작이 가지만 델프는 분명히 다음과 같은 이유에서 죽게 된 것이다. 즉 제3제국에서 생사의 여탈권을 쥐고 있던 자들에게는 자기들의 명령이 효력을 발휘하는 범위 안에서 자기들의 명령을 최고의 심급으로도, 정당한 심급으로도 인정하지 않는 자들을 상대해야만 한다는 사실이 견딜 수 없었던 것이다. 프라이슬러는 델프를 사형에 처했고 교수대에서 사라지게 했다. 왜냐하면 하느님을 공적인 영역에 있어서까지 최고의 명령 심급으로 실재적으로 인정한다는 것은 아돌프 히틀러의 국가에서는 도저히 용납할 수 없는 일로 보였기 때문이다. 프라이슬러는 자신이 살았던 시대의 많은 사람들이 이론적으로건 또는 막연한 감성적으로건 갖고 있던 하느님과의 관계를 중요하게 생각하는 사람이 아니었다. 중요한 것을 결정할 때 하느님과의 관계는 거의, 아니 전혀 고려되지 않았던 것이다.

하느님의 명령 아래

이와는 다른 또 하나의 사실이 있었으니, 그것은 이미 드러났듯이, 자신의 삶을 단호하게 하느님의 명령 심급 아래에 둘 뿐만 아니라, 이 하느님이 다스리시는 영역이 자신의 영혼의 깊은 곳만이 아니라 민족들의 역사와 공적인, 국가적인 삶까지도 미친다고 믿고 있는 남녀 사람들과 맞부딪치게 된 것이다. 다른 한편 히틀러와 괴벨스, 로센베르크의 무리들은 국가적 '영역'에 만족하지 않고, 그들이 국가에 충성스럽게 투신하면 할수록 더욱 열성적으로 인간의 영혼까지 지배하려 들었기 때문에 조화를 갈망하는 많은 그리스도인들에게는 큰 걱정거리가 아닐 수 없었다.

갈등과 투쟁이 생겨났다. 이 갈등은 특히 조직화된 단체들에 의해서 전체주의 국가의 최고 명령 심급이 의문시되거나 또는 아예 처음부터 거절되었을 때 죽음과 전멸로 이어졌다. 그러한 단체들이 조직을 확고히 결속하면 할수록 프라이슬러와 같은 사람에게는 더욱 위험스러운 존재로 보일 수밖에 없었다. 따라서 그에게는 엄격하게 조직되고 전 세계에 보편적으로 펼쳐 있는 가톨릭 교회가 한 국가의 경계 안에 제한된데다 느슨한 형태로 결합되어 있는 개신교 교회에 비해 훨씬 더 위험스럽게 보였음은 당연한 일이었다. 견고한 조직으로 전 세계를 아우르는 남자 수도회의 회원이 히틀러의 하수인들에게는 처음부터 복음주의 교회의 구성원들보다 훨씬 더 타도되어 마땅한 존재였던 것이다. 이 점 또한 델프 신부가 민족재판정에서 올바르게 상황판단한 대로이다. 공적 영역에 영향력을 갖고 있는 그룹과 공동체들이 주도면밀하게 하느님의 명령 심급에 복종하면 할수록 그들에게 향한 적대적 싸움은 더욱 더 물리적 파괴를 일삼았다. 민족재판소의 제1법정에서 있었던 델프와 프라이슬러의 만남의 핵심은 상대적인 정치적 대결뿐 아니라 절대적 형이상학적 관점에서도 적대적인 두 세계 사이의 피할 수 없는 대결이었다.

1944년 10월 말 작센하우센의 강제수용소에서 18세의 청년이 교수형에 처해졌다. 그는 '여호와의 증인'에 속했는데 노동 복무 중에 히틀러에 대한 서약을 거부했다. 죠나단 쉬타르크라는 좋은 이름[25])을 가진 그 청년은 자기 이름의 명예를 드높인 것이다. 그에게는 어떤 공판도, 제3제국의 일심재판관과의 어떤 조우도, 그리고 크라이스아우 그룹과 많은 다른 이들이 프라이슬러와 교환했던 것과 같은 논박도 전혀 없었다. 처형에 익숙한 수용소징이 약식 소송을 죠나단 쉬다르그에게 제기했을 뿐이다. 이 소송으로 한 독일 청년이 자신의 믿음에 대한 굳건한 신념 속에서 주의를 끌지 못하고 알려지지 않은 채 죽었다. 7월 20일 사건 이후의 소송에서도 더 이상 이야기되지는 않았지만 역시 믿음이 문제였다. 그럼에도 불구하고 이 소송은 델프 신부와 그의 친구들에 대한 소송도 마찬가지로 정치적 소송이었다. 이 소송에서는 어찌 됐건 무엇이 옳고 그른지에 대한 토론이 아니라, 자유가, 따라서 국가에 그어진 한계가 논란의 대상이었다.

하느님을 섬기는 자유가 문제였다. 나치 국가는 이 자유를 예배의 자유로, 즉 일요일에 드리는 전례의 자유로 국한시킬 수 있다고 생각했다. 그것으로 충분하다고 여기는 단순한 사람들이 독일에 많았다. 하지만 교회는 당연하게도 '선교의 자유'를 옹호하고 이를 위해 힘껏 일했다. 그러나 친위대 국가의 본래 모습이 분장하지 않은 채 백일하에 드러나면 날수록, 교회 활동을 점점 더 좁아져 가는 내면의 영역에 국한하는 것은 교회의 자유라 할 수 없다는 인식을 더욱 더 떨쳐 버릴 수 없게 됐다. 그런데 교회는 교회 내부 영역에서조차 자유롭지 못했다. 그것은 강론 때에 구체적

---

25) 역주: 쉬타르크(Stark)는 '강하다'는 뜻이다.

으로 언급한 경우는 말할 것도 없고, 겨우 알아차릴 수 있을 정도의 암시로 하느님의 모상으로 창조된 인간의 자유를 옹호했다는 이유만으로 처벌을 받았다는 사실로 증명된다. 그간 여러 차례에 걸쳐서 사제와 평신도에 징역형과 사형이 내려졌던 것이다.

하느님의 계명에 정향된 알프레드 델프의 명석한 정신은 '저열한 악마들이 세운 제국'이 온갖 유혹과 거짓으로 독일인의 정신과 영혼을, 그리고 외적인 실존마저도 폐허로 만들고 있을 때에 그들의 그 유혹과 거짓의 자욱한 안개 속을 흔들림 없이 꿰뚫고 나아갔다. 자유를 행하라는 하느님의 부르심에, 즉 하느님을 섬기는 인간의 자유를 말씀하시는 그분의 부름 앞에서 제3제국이 내세우는 충성과 명예에 대한 낡아 빠진 호소들이 그리스도교의 신학자인 그에게는 가장 깊은 내면에서 느끼게 되는 역겨움이었다. 다른 크라이스아우 동지와 마찬가지로 그 역시 폭군에 대한 불굴의 싸움을 회피하는 비굴한 소시민적 도덕주의를 혐오했다. 그에게도 양심의 봉기는 그리스도교의 명령이었다. 폭정이 모든 것을 파멸로 치닫게 하는 위협 때문만이 아니다. 인간에게 가해진 능욕이 더 이상 견딜 수 없는 지경에 이르렀기 때문이다.

그리스도인들은 함께 협력해야 한다

그리스도인들이 단지 폭군과 싸우는 일뿐 아니라 독일의 미래를 책임지는 일에 있어서도 함께 협력해야 한다는 것은 다른 사람들과 마찬가지로 예수회 신부인 알프레드 델프에게도 너무도 당연한 일이었다. 그는 함께 믿고 증거한 그리스도교의 믿음과 그리스도교적 삶의 토대가 무엇인가를 환기시켜 주는 일뿐만 아니라, 체포 전과 후에도 공동으로 인식했고 공동으로 받아들인 과제를 근본적으로 이해할 수 있게 해주려고 애를 썼다. 그와 그의 모든 친구들은 이와 같이 하나의 과제를 함께 하는 것을, 다 같은 하나의 그리스도교적 양심을 함께 행동으로 실천하는 것을 자신들의 지속적인 과제로 여겼다. 이와 비교하면 그 후 10년이 지난 지금 그리스도교적 양심이 행동으로 실천되지 않고 있음을 지적하고 염려나 하고 있는 것이 얼마나 맥 빠진 것인가! 얼마나 맛대가리가 없는가! 의식적으로 조직화된 그리스도교 양심의 실천공동체를 거부하는, 아니 그 진가를 짐작조차 못하는 오늘날의 많은 얼빠진 정치인들에 관해서는 더 말해 무엇 하랴.

비밀경찰의 감방에서도 다음 세 가지는 끊이지 않았다. 기도, 파멸해가는 조국에 대한 염려, 그리스도교의 통합에 대한 염원이 그것이다. 1944년 12월 마지막 날 밤 알프레드 델프는 테겔에 있는 감옥에서 크라이스아우 모임에서 만난 동지이자 감방 이웃인 나에게 막 새로 시작되는, 그에게는 마지막이 될 새해를 위해서 사슬에 묶인 손으로 다음과 같이 적었다.

"앞으로 어떤 일이 벌어지더라도 자네의 몫을 다해 주기 바라네. 우리가 속한 각자의 교회가 서로 일치하지 못함으로 인해서 우리 공동의 주님께 더 이상 욕보이지 않도록 노력해 주게. 우리는 너무나 오랫동안 주님을 욕되게 해왔네. 이젠 그만둬야 하지 않겠나. 끝내야 하네."

자유로운 조국, 그리고 그리스도교의 양심을 실천하는 행동 공동체, 이것이 기도와 죽음의 희생으로 거룩하게 된 1944년 7월 20일의 인사들이 독일인에게, 독일의 가톨릭 교회와 개신교 교회에 속하는 모든 그리스도교인들에게 남긴 유언이다.[26]

---

26) 역주: 종전 후 게르스텐마이어 목사는 가톨릭 신자인 아데나워가 이끄는 독일 기독교민주연맹(CDU)을 창설하는 데 크게 기여하였고, 그 후 독일연방의회 의장으로 활약했다.

사형 선고 후

감형 청원

극단적 시험까지 견디어 내는 신뢰

먼저 간 마지막 친구들

그리스도의 밀알

흩뿌려진 재 – 그럼에도 잊히지 않으리!

감형 청원

한 베를린 시민의 일기에서

1945년 1월 12일

사형 선고를 받은 모든 이들을 위해서 그 가족들이 감형 청원에 서명했다. 한 부인만 할 수 없었는데 그녀 자신도 음모 사건의 내막을 알고 있었다는 죄목으로 감옥에 있었기 때문이다. 델프 신부를 위해서는 그의 누이가 서명했다.

1945년 1월 12일의 청구 쪽지에 델프 신부의 누이가 감형 청원을 제출했으며 그 자신도 그것을 냈으면 한다는 내용을 적어 델프 신부에게 들여보냈다. 이에 대해 그는 같은 쪽지에 다음과 같이 대답했다.

모든 것에 대해 감사드립니다. 내 자신이 감형 청원을 써야 할 것인지 모르겠습니다. 저 개인에 대한 반감이 매우 크니까요.

민족재판소가 확인한 바대로 저는 7월 20일 회동과 무관하다는 것을 강조해야 합니다. 그렇지만 누군가 다른 사람이 그 일을 해야 합니다.

저는 잘 지냅니다. 하느님은 제게 잘해 주십니다. 그레테(그의 누이)가 가능하다면 여기에 왔으면 합니다. 타트는 뮌헨에서의 7월 20일 사건을 빨리 알아야만 했습니다.

제가 청원서를 제출해야 할지 여부의 문제를 빨리 검토하고 곧 알려 주시기 바랍니다.

막스

한 베를린 시민의 일기에서

1945년 1월 13일

타텐바흐 신부는 오늘 오전에 국가안정청으로부터 마지막 방문 허락을 받았다. 문이 열리면서 그는 뜻밖에도 뮌헨에서 온 그의 동료인 뢰쉬 신부를 보게 된다. 두 사람의 눈이 마주친다. 도대체 이런 재회가 있을 수 있단 말인가! 밀정들이 오랫동안 그를 찾아 나섰는데 결국은 잡히게 되었구나! '그(뢰쉬 신부)는 내가 여기 있으나 자유로운 신분으로 있다는 것과 그리고 델프 신부가 사형 선고를 받았다는 것을 가능한 빨리 알아야만 할 텐데.' 하고 타텐바흐 신부는 생각한다. 그는 '그 옆의 아는 분'에게 빨래 봉사 때문에 작은 쪽지를 보내도록 허락해 달라고 청한다. 곧 허락되었다. 답은 뢰쉬 신부가 모든 것을 이해했음이 밝혀진다. 하느님이 잘 배려하고 있지 않은가?

델프 신부가 뮌헨에 보낸 편지

1945년 1월 14일

일이 어떻게 되었는지는 그 사이에 여러분도 알고 계시겠지요. 제가 지금까지의 정황으로 보아 제 생애의 마지막 날이라 여길 수밖에 없는 지난 목요일에 쓴 저의 편지를 그 사이 잘 받으셨겠지요. 저는 이제 여기서 얼마나 오랫동안 기다려야 할지, 과연 저는 죽게 될 것인지, 언제 그렇게 될 것인지 저는 알지 못합니다. 여기서 플뢰첸제의 교수대까지는 단 10분 거리입니다. 우리는 바로 직전에서야 비로소 오늘이, 그것도 곧 바로 '자기 차례'라는 것을 듣게 됩니다.

슬퍼하지 마십시오. 하느님은 지금도 저를 아주 황홀하게 그리고 느끼도록 도와주시고 계십니다. 저는 아직 전혀 겁이 나지 않습니다. 아마 곧 그리 되겠지요. 아마 하느님이 이 기다림을 신뢰에 대한 최후의 시험으로 삼으시려는 것이겠지요. 저는 좋습니다. 저는 여러분들을 위해, 제가 섬기고 봉사하려 했던 이 땅의 민족을 위해 풍요한 씨앗으로 땅에 떨어지도록 노력하겠습니다.

게오르그

한 베를린 시민의 일기에서

1945년 1월 15일

타텐바흐 신부가 델프 신부와 마지막으로 면회는 매우 격동적이었음에 틀림없다. 타텐바흐 신부는 길게 말을 잇지 못했다. 보통 때보다 조용하였다. 델프 신부는 뢰쉬 신부의 체포 소식을 듣자 '자유의 몸이 될 기적'을 여전히 기대하면서 생각했다. '아마 비밀경찰은 이제 나를 뢰쉬 신부와 대질심문하기 위해서 나의 수명을 더 연장할 것이다. 그리고 그동안에 전쟁은 끝난다……. 시간이 빨리 흘러갔으면!'

1945년 1월 16일

델프 신부의 누이가 오늘 다시 한 번 그를 방문했다. 그녀는 용기와 신념에 있어서 동생에게 지지 않으려 한다.

"오늘 알프레드는 잠잠하면서도 표정은 거의 쾌활했어요. 아니, 재판 이전에 내가 방문했을 때보다도 더 쾌활해 보였어요."(다른 사형수들의 부인들 역시 이와 비슷한 말을 했다.)

이 누이에게는 – 자신이 과부로서 – 자기 자신의 식구를 먹여 살려야 하는 일 외에 늙고 병든 부모를 보살펴야 할 걱정이 짐이 되어 있었다. 아들의 요청에 따라 부모들은 지금까지 그가 처한 운명에 대해 속속들이 알지 못하고 있었다. 이제 충격은 두 배나 심할 것이다. 확실한 것은 모든 이들이 도울 것이라는 점이다. 친구들이, 수도회의 형제들이, 그리고 또한 …….

"주님은 억눌린 마음을 가진 사람들 가까이에 계시며, 낙심한 영혼을 치료하신다."

베를린에 보낸 델프 신부의 편지

1945년 1월 16일

선하신 여러분, 진심에 찬 일요일 인사를 드립니다. 일이 정상으로 진행되었다면 저는 오늘 이미 현존재의 경계 너머에서 인사를 드렸을 것입니다. 모든 것이 이상하게 진행되는군요. 우리가 우리 스스로를 도우려고 시도한 것은 오히려 화를 불러 일으킵니다. 우리가 재앙으로 생각하고 그 재앙이 닥쳐오리라 예상했던 것은 어쩐 일인지 아무 일도 발생하지 않았습니다. 내가 알기로 우리는 재판을 받기 위해 프린쯔-알브레히트 거리로 가지 않고 여기 머무르게 된 첫 그룹이었습니다. 그리고 분명 우리는 판결 당일 즉시 사형당하는 관례가 더 이상 유효하지 않게 된 첫 그룹입니다. 이 관례는 이제 일반적으로 포기된 것 같습니다. 우리 앞서 선고받은 저의 다른 감방 이웃들이 감형 청원을 보낸 것도 아닌데 다시 돌아왔으니까요.

제 자신의 결정에 대해 더 이상 옳다고 생각하지 않습니다. 항상, 지금까지 여러분들이 어떤 제안을 하면 그것은 저의 견해보다도 더 옳았습니다. 그래서 저는 여러분들이 제안한 청원서를 작성했고 어제 제출토록 했습니다. 저는 성심껏 노력하여 썼지만 누군가가 그것을 읽을 수 있을지 혹은 읽을지 저는 알지 못합니다.

물론 지금은 누군가 정당 쪽 사람만이 무엇이든 할 수 있으리라 생각합니다. 제가 7월20일 사건에서 벗어나 있다는 것은 다행한 일입니다. 우리들 자신의 사안은 '들과 벌판과 숲 속에 흩어져 사는 졸개들의 역모'라는 딱지가 붙었습니다. 이제 중요하게 된 판결 이유서의 요지를 간추려서 첨부합니다. 밖에 있는 사람들도 알게 하기 위함이지요. 그러나 조심하시기를.

얼마나 오랫동안 여기 앉아서 처형장 플뢰첸제로 끌려갈 것을 기다려야 하는지 모릅니다. 그것이 며칠이 될지, 몇 주일이 될지. 여기에는 7월 20일 사건에 연루된 그룹 중 두 명이 판결 후 14주째나 대기하고 있습니다. 지금의 저의 단계가 저의 인생에 속한다는 것을 저는 알고 있습니다. 플뢰첸제가 제게 속하게 될 것인지 저는 아직 알지 못합니다. 물론 저에게는 어떤 출구도 보이지 않습니다. 그러나 저는 계속해서 희망하고 기도해야 한다는 내적 이끌림을 받았다고 생각합니다. 자유와 준비된 마음에는 어떤 변화도 없습니다. 한 인간에게 자주 비애가 엄습해 옴에도 불구하고 여전히 결단과 자유에 대한 어떤 의식이 지배적인 것 같습니다.

물론 저에게는 어떤 출구도 보이지 않습니다. 예수회원에게 그 사람들은 전혀 호의를 베풀지 않지요. 혹시, 몰트케가 사면된다면, 저를 함께 풀어 줄지.

누군가가 사면에 관한 일을 하고 있는지요?

최근의 편지들을 다른 이들에게도 보여주시기를 바랍니다. 이제는 어차피 모두들 저의 일을 알고 있을 테니까요. 그 밖에 또 드릴 말씀은 제가 여러분들의 기도를 매우 필요로 하고 있다는 것입니다. 처형당하기 전인 지금도요.

P 수사는 어떻게 되었나요? 새로운 걱정이란 무엇인가요? 제가 남아 있는 한 미사는 계속됩니다. 지인들에게 안부를 전해 주세요.

여러분들께 감사를 드리고 하느님의 강력한 보호를 기원합니다. 아참, 두 분의 마리안네에게 계속 도움을 받고 있습니다. 여기에 신실하시고 선량한 두 분이 계십니다. 제가 저 세상으로 가게 되면 거기서 저를 또 다른 선량한 분이 기다리겠지요. 요즈음에는 어디서든지 하느님의 자비하심과 위로를 많이 체험합니다.

여러분의 막스

추신

판결 후 편지들을 조심해서 간수하시기 바랍니다!

일이 오래 걸리게 된다면, 부탁드린 신발 끈을 넣어 주십시오. 예고된 끈은 아직 받지 못하였습니다. 그것을 필요로 할지는 모르겠지만, 제가 그것을 필요로 한다면 감사한 일이지요. 마찬가지로 저는 같은 조건과 전제 하에서 몇 장의 편지봉투를 부탁드립니다.

그리고 부디 슬퍼하지 마십시오. 이미 저는 풍요롭고 귀한 씨가 되어 땅에 떨어지기 위해 노력하고 있습니다. 저는 두 사람(누이와 타텐바흐 신부)을 다시 만나고 그들과 다시 한 번 대화를 나누게 된 것을 아주 기뻐했습니다. 그것 역시 하느님의 자유에 맡겨 드립시다.

루트를 위한 흰 봉투(우르비가 저에게 보낸 주소) 안에서 우르비의 마지막 소식(희생의 편지)이 있습니다. 이 첫 문장은 이런 종류로는 단 한마디 단어로 되어 있는데(호칭: Dear father), 이 단어는 그것이 외국어로 표현되어 있더라도 그리고 그녀의 죽음 이후라도 이 비통한 심정을 녹여 줍니다. 제가 하늘나라에 가면 우르비와의 만남을 기뻐할 것입니다. 그때는 더 이상 영어로 말할 필요가 없겠지요.

- 1945년 1월 17일 부 청구 쪽지에 쓰인 것들

  감사합니다. 여러분들의 제안을 따르겠습니다.

  RF SS(SS 제국지도자)께 보낼 청원을 위해 주소를 알아봐 주십시오.

  ORAW(고등제국검사)께 보낼 청원서가 송부되었습니다.

  필차우에 가서 우편물이 있나 물어보십시오.

델프 신부가 뮌헨에 보낸 편지

1945년 1월 18일

다시 한 번 안부를 전합니다. 저는 잘 지내고 있습니다. 하느님은 이같은 어둠 속으로 저를 내몬 적이 한 번도 없었습니다. 그러나 저는 버티겠습니다. 하느님은 희생물을 원하시고 계시거나 저의 신뢰심을 극한 상황에서 시험해 보시려는 것입니다. 저는 신뢰하겠습니다. 그분은 저를 씨로 뿌리시거나, 또는 큰일을 하도록 이끌어 주실 것입니다. 11일 후로는 이제까지의 관례가 통용되지 않습니다. 여러분은 제가 기도하며 버티도록 도와주세요, 아시겠습니까. 모든 이러한 처지에도 불구하고 저는 기분이 좋습니다. 그런 기분은 내 안에서 나오는 것은 아닙니다.

그분이 8일에서 11일까지 삼일(재판 과정) 동안 저를 어떻게 동반했는지, 제가 몇 주일 전 사형 선고를 받고 처형될 날만 기다려야 하는 것이 저의 운명이 될지도 모른다는 생각을 처음으로 하게 되었을 때, 제가 그러한 가능성 앞에서 얼마나 두려움에 떨었는지, 그리고 그분이 이제 저를 어떻게 유지시키고 인도하시는지를 숙고해 보면 그렇습니다.

편지를 보내 주심에 진심으로 감사드립니다. 그 사이 모든 것이 달리 진행되었습니다. 물론 본질적으로 다른 상황이 된 것은 결코 아닙니다. 다만 정황이 최고의 심각한 단계에 이른 것뿐이지요. 저는 하느님과 그분의 자유에 전적으로 저를 맡긴 채 저의 낭떠러지 위에 앉아 있습니다. 저는 그분을 신뢰합니다. 11일에 저는 고별인사를 했지요. 지금까지의 전례에 따른다면 11일 저녁에 저는 죽었어야 했습니다. 우리가 성탄 전에 재판을 받았다면 아마 옛날의 관행이 적용되었을 것입니다. 이 소송을 통해서 저의 인생은 살든 죽든 저를 지배할 화두를 얻은 셈입니다. 제가 이제 여기서 제 자신을 위해 준비된 이 실재들을 위해 죽든지 혹은 이 모든 것이 단지 다음과 같은 네 가지 실재를 위해서 맡겨진 사명을 준비하는 것인지, 아무튼 이 두 가지 경우는 거의 동일한 것입니다. 즉 죽는 것이 다가오는 암흑의 시대를 독일이 이겨 내리라고 믿기 때문이요, 이 민족을 인도하는 힘으로서 교회를 믿기 때문이요, 이 수도회에 속하기 때문이요, 그리고 마지막 이런 곤경에서, 이 민족의 타고난 자질에서, 그리고 교회가 선포하는 복음에서 사회정의가 자라고 있음을 보았고, 이를 위해 봉사하려 했기 때문인 것입니다. 오늘날 그 많은 사람들 중에서 누가 그렇게 많은 것을 위해 죽겠습니까. 그리고 그것을 알기나 하겠습니까. 이 네 가지 일로 인해서 저는 법정에 서게 되었고, 그 때문에 저는 유죄 판결을 받았습니다. 그리고 제가 살게 된다면 또한 이 화두가 저의 삶에 주어진 사명이 될 것입니다. 11일과 함께 세계는 변했습니다. 제가 이제 플뢰첸제로 가게 되든지 혹은 다시 뮌헨으로 가게 되든지 여하간에 결코, 그리고 어떠한 방식으로든 목가적인 상황은 아닙니다.(여러분들은 저의 어머니가 저에 관해 어떤 성인담 같은 얘기를 하지 않도록 해주시기 바랍니다. 저는 악동이었습니다!)

여러분의 모든 선의에 감사드립니다. 제가 여러분들의 삶에 커다란 걱정을 끼쳤습니다. 그것이 축복을 내리고 성화시키는 걱정이기를 바랍니다. 모두에게 안부를 전해 주세요.

축복이 있기를…….

게오르그

극단적 시험까지 견디어 내는 신뢰

델프 신부가 베를린에 보낸 편지

1945년 1월 18일

선하신 여러분, 저는 이렇게 아직도 편지를 쓰고 있고, 여러분들에게 아직도 염려와 수고를 끼치고 있습니다. 이런 일을 일주일 전에는 예상할 수 없었지요. 지금까지는 판결 후 1시간 이내에 형이 집행되었으니까요. 목요일 날(1월 11일 사형 선고가 내려진 후) 처음에 우리는 우리가 어디로 후송되었는지를 몰랐습니다. 모든 것이 참으로 이상합니다. 우리는 예상했던 것과는 달리 결심 공판을 받기 위해 프린쯔-알브레히트 거리로 보내지지 않은 첫 번째 케이스였습니다. 우리를 제소한 공소장의 수신처는 그곳(제국안전청)으로 되어 있었습니다. 우리는 다시 돌아왔고 다시 한 번 기다리는 시간을 보내게 되었습니다. 주 하느님께서는 오랫동안 의식적으로 준비한 희생으로 충분할지, 아니면 극단적인 내성 시험에 맡길 정도로까지 신뢰를 시험하시려는지 저는 알지 못합니다. 여러분이 1월 11일의 분위기라 하셨는데(청구 쪽지에 쓴 메모) 그것이 무슨 뜻인지 저는 모르겠습니다. 우리가 이미 죽을 준비가 되어 있다는 사실을 여러분은 최소한 우리에게 기대해도 좋습니다. 어느 누구도 일부러 죽음을 동경하지는 않는다고 생각합니다. 선한 간수장은 집에 앓아 누워 있습니다. 여러분이 그를 위해 '작은 위로'가 되어 주시지 않으시겠습니까?

저는 고등제국검사에게 보내는 청원서를 명령조로 원하신 대로 작성하여 제출케 했습니다. 하인리히 힘러에게 보내는 청원서도 작성했지요. 제가 그것도 제출해야 할지 숙고해 주시기를 바랍니다. 그것은 또한 ORA

(고등제국검찰)에도 보내져야 할 것입니다. 이렇게 하는 것이 이로운 것은 거기서 뭔가가 올 때까지는 여기 법정에서 결정을 보류한다는 점입니다. 즉 시간을 벌 수 있다는 것이죠.(시간 벌기가 이 청원의 유일한 가치라고 생각합니다. 그들은 저를 결코 사면하지 않을 테니까요.) 재판은 의심의 여지없이 반교회적이고 반그리스도교적이었지요. 그러나 이것 때문에 아마도 얼마간의 시간을 벌 수 있을지도 모르지요. 혹은 보다 더 겸허한 태도를 보이면 예상치 않게 은사가 주어질 수도 있겠지요. 하지만 반대로 이렇게 여기서 청원서를 보내고 하는 것이 힘러 측근들의 기분을 망쳐 놓을 수 있다는 단점이기도 한 것입니다. 여러분의 의견은 어떤지 한시가 급하게 알고 싶습니다.

모든 일이 잘 이루어지고 하느님이 여러분의 선의를 갚아 주시기를 바랍니다. 목요일(판결일)은 모든 일에도 불구하고 좋았습니다. 여기서 마지막 있었던 것은 미사였지요. 그 후로 저는 커다란 자유를 맛보고 있습니다. 이제 바람이 부는 대로 갈 것입니다. 그날로 세상이 달라졌습니다. 진심으로 감사드리며.

막스

종이를 좀 부탁합니다. 성인도문을 완성하려 합니다.

- 1945년 1월 19일 청구 쪽지에서

모든 것에 감사드립니다. 계속해서 소망하고 기도하시기를 빕니다. 저는 최근 좋은 밤을 하느님과 함께 보냈는데, 제가 계속 신뢰해야 한다고 생각합니다. 하느님이 보호하시기를.

막스

델프 신부가 뮌헨에 보낸 편지

1945년 1월 19일

…… 저는 아직도 살아 있습니다. 그리고 아직도 편지를 쓰고 있습니다. 저는 여러분들의 도움을 아주 깊이 느낍니다. 이것이 마지막일지, 아니면 하느님께서 죽음을 불사할 정도로까지 저의 믿음을 요구하시려는지 저는 아직도 전혀 알지 못합니다. 저는 제가 할 수 있는 한 어떤 길이든지 제가 감당할 수 있도록 노력합니다. 그레테(델프의 누이)가 다시 한 번 여기에 왔습니다. 누이는 참을성이 많지요. 그러나 저는 결국 면담을 짧게 마쳤습니다. 저의 친지들 좀 도와주세요.

처형될 것을 기다리면서 보낸 지난 일주일 사이에 세상이 완전히 변했습니다. 설사 제가 다시 돌아오게 될지라도 이 1월 11일은 사태를 완전히 변화시켰습니다. 저는 정오경 바로 떠나기 직전에 미사를 봉헌했지요. 몰트케와 제가 유죄 판결을 받게 될 것이라는 것은 이미 첫 마디 말부터 명백했습니다. 지금까지의 관례에 따른다면 처형은 판결 후 약 1시간 후에 있었지요. 우리는 그렇게 마음먹고 있었는데 호송 때에서야 비로소 우리가 다시 이곳으로 오고 있다는 사실을 알게 되었습니다. 그래서 지금 우리는 아직도 이 절대적으로 높은 자리에 앉아서 기다리고 있습니다. 저는 친구들의 기도와 도움을 기다리며 거기에 완전히 저를 맡깁니다. 재판 결과는 매우 뻔한 것이라 우리에게는 살아도 죽어도 하나의 화두만이 있을 뿐입니다.

게오르그

1945년 1월 21일

…… 저는 여기 인간이 경험할 수 있는 가장 극단적인 상황에 와 있습니다. 즉 모든 인간적인 것이 마지막 극한점에 다다른 것입니다. 저의 숨

이 끊어지지 않도록 도와주시겠지요? 자유와 넓은 공간을 향유할 크나큰 은총이 저에게 베풀어졌습니다. 제발 제가 이 은총을 헛되게 하지 말기를 바랄 뿐입니다. 친구들에게 인사를 전해 주세요. 여기 도착한 여러분들의 안부 인사와 여러분들의 기도에 감사드립니다. 제가 숨 쉬는 동안 계속해서 이를 부탁드립니다. 물론 그 다음에는 더욱 그러하고요.

게오르그

델프 신부가 베를린에 보낸 편지

1945년 1월 21일

선하신 여러분, 저를 위한 많은 노력과 염려에 진심으로 감사드립니다. 저는 지금 자신을 완전히 내맡긴 자리에 앉아서 주님을 기다리고 있습니다. 제가 쓸 수 있는 모든 카드는 이제 제 손에서 완전히 떠났습니다. 재판 이전에는 아직도 무엇인가를 우리가 도모할 수 있다고 생각했지요. 저는 이제 전적으로 하느님의 자유의사에 달려 있습니다. 그분은 지금이라도 기적을 행하실 수 있습니다. 신뢰심이 약해져 일이 그르치게 되어서는 안 됩니다. 저는 타트를 곧 보게 되리라는 희망을 새로 시행된 여행 규정 때문에 포기했지요. 그런데 그는 이미 여기에 와 있었습니다……. 그는 충직함 그 자체입니다……. 그는 매우 지쳐 보였습니다. 그가 새롭게 전해준 나쁜 소식(뢰쉬 신부의 체포)은 그 나름의 의미를 갖게 될 것입니다. 아마도 그것은 우리의 모든 '시도들' 중에서 우리에게 필요한 시간을 벌게 하는 유일한 것인지 모릅니다.

타트가 저더러 하인리히(힘러)에게 편지를 쓰라고 해서, 이제 편지를 써서 그에게 보냅니다. 날짜가 '연기'된 것은 역시 그 나름대로의 의미가 있었다는 것을 여러분은 이제 아시겠지요. 우리가 12월 1일에 재판을 받았다면 – 같은 내용의 결과와 함께 말입니다 – 어찌 되었겠습니까…….

아마도 우리는 오로지 바로 그때처럼 기적을 받도록 되어 있는지도 모릅니다. 그런 방식에 저는 반대하지 않습니다. 다만 교수대로 가는 산 중턱에서 기다리고 있기보다는 더 기분 좋은 곳이 있기는 하지만요. 7월 20일 사건과 관련 없음이 법적으로 확인된 것 자체는 유리한 점이고, 그것을 근거로 뭔가 해볼 수는 있겠지만, 새롭게 대두된 정황으로 말미암아 이젠 사면될 개연성이 아주 없어졌다고 생각됩니다.

어쩌면 청원의 노력으로 희생의 성숙 혹은 기적의 성숙을 위해 필요한 시간을 벌게 될지도 모릅니다. 몇 장을 덧붙인 성령강림대축일 후속가의 내용(『죽음에 직면해서』에 소개되어 있음)은 우르비가 좋아하는 기도였습니다. 그것은 정말 안도의 숨을 내쉬게 하는 기도입니다. …… 가능하다면 그 물건들은 곧 뮌헨으로 옮겨졌으면 합니다. 모든 일이 잘되고 하느님의 축복이 있기를. 강제수용소로 가는 것은 모든 무죄 판결의 결과입니다. 같은 기한이지만 몇 년 간의 감옥형을 받는 것이 차라리 낫습니다. 함께 계속해서 기도합시다. 하느님이 보호하시고 축복하시기를.

여러분께 감사드리는 막스

가능하다면 구두 끈 하나를 부탁드립니다. 타트가 뢰쉬 일에 관해 자세히 설명했나요? 제게 알려 주세요. 우리가 틀림없이 곧 대질될 테니까요.

한 베를린 시민의 일기에서

1945년 1월 21일

사형 판결 받은 우리 모든 친구들이 임종의 성체를 영하였다. 몇 명은 선하신 부흐홀쯔 본당신부의 손을 통해서, 다른 몇 명은 마지막 면회 때 그들에게 가져온 자신들의 부인의 손을 통해서 주어졌다.

- 1945년 1월 23일 청구 쪽지에서

　모든 것에 감사를 드립니다. 주님이신 하느님은 자신의 해결방식을 찾으시게 될 것입니다. 기도하십시오. 하느님은 좋으신 분. 감사.

　　　　　　　　　　　　　　　　　　　　　　　　　　　델프

델프 신부가 그의 대자27)에게 보낸 편지

　　　　　　　　　　　　　　　　　　　　　1945년 1월 23일

　사랑하는 알프레드 세바스챤.

　나는 오늘 너의 탄생 소식을 큰 기쁨과 위안으로 전해 들었다. 나는 즉시 수갑이 채인 손으로 너에게 간절한 축복을 보냈다. 내가 살아서 너를 보게 될지 알 수 없어서 이 편지를 쓴다마는 이 편지가 너에게 전달될지조차 나는 모르겠구나.

　너는 이 어려운 시절에 인생을 시작하려 하는구나. 그러나 상관없다. 제대로 된 사내대장부는 모든 것을 극복한다. 또 너에게는 훌륭한 부모님이 계시다. 그들은 네가 어떻게 세상일을 파악하고 헤쳐 가야 할 것인지를 가르쳐 주실 것이다.

　너는 두 개의 이름을 갖고 있다. 알프레드, 이 사람은 자기 백성을 위해 열심히 기도하고 힘껏 일하고 힘든 전쟁을 치렀던 왕이었는데 사람들이 그를 언제나 잘 이해했던 것은 아니다. 그에게 자주 대들기까지 했지. 후에서야 그들은 그가 자기들을 위해 했던 업적을 이해하였고 그를 대왕이라고 불렀지. 그러나 하느님의 백성들은 그를 성인으로 모셨다. 하느님과 사람들에게서 그는 인정을 받은 거야. 세바스챤, 그는 황제와 하느님께 용기 있는 기사였단다. 그런데 황제는 하느님에 관해서는 알려고 하지

---

27) 역주: 알프레드 델프 신부는 젊은 부부가 장차 탄생할 아이의 신앙의 대부가 되어 달라고 한 부탁을 미리 허락하고 이름을 사전에 정해 놓은 것으로 보인다.

않았기 때문에 어리석게도 세바스챤에 대한 미움과 불신의 화살로 마침내 그를 쏘아 죽이게 했단다. 세바스챤의 몸은 부수어 졌지만 정신은 꺾이지 않았지. 다시 의식이 돌아와, 황제의 어리석음을 조목조목 대자 황제는 그를 방자하다는 이유로 때려죽이게 했단다. 나의 사랑하는 대자야, 이런 이야기야 네가 어디서든지 읽을 수 있을 것이고 너의 부모가 벌써 이야기 해 준 것들이겠지. 나는 단지 너의 이름 안에 숭고한 의무가 주어져 있고, 사람은 자기 이름을 존엄하고 명예롭게 지고 다녀야 한다는 것을 상기시키고 싶었을 뿐이다. 너의 이름이 너의 인생에서 그 이름에 걸맞은 진실이 되려면 너는 용기 있고 강인하고 결연하게 행동해야만 한다.

 사랑하는 대자야, 그래, 나는 너의 이름에 또 하나의 짐을 유산으로 보태고 싶다. 너는 또한 나의 이름을 지니고 있지 않니? 우리가 이 세상에서 서로 제대로 알게 될 운명은 아니라 해도 내가 하려고 했던 일들을 이해해 주기 바란다. 그것이 바로 내가 내 인생을 바친 의미, 아니 더 정확하게 표현하자면 내 인생에 주어진 의미인 것이지. 하느님께 대한 찬양과 하느님께 드리는 기도를 날로 배가시키는 것, 그리고 사람들이 하느님의 법에 따라, 하느님의 자유 안에서 살 수 있게 돕고, 인간이 인간답게 살 수 있게 돕는 일이 바로 그것이다. 나는 우리 인간이 처한 커다란 곤궁에서, 인간이 되는 권리를 빼앗겨 버린 이 곤궁에서 빠져나올 수 있도록 돕고 싶었고, 지금도 도우려 한다. 하느님을 숭배하는 사람만이, 사랑하는 사람만이, 하느님의 법에 따라 사는 사람만이 진정한 사람이며, 자유로운 존재이며, 살 줄 아는 사람이다. 이것이 바로 내가 너에게 통찰과 과제로서, 그리고 위탁으로 주고 싶은 것이다.

 사랑하는 알프레드 세바스챤, 한 인간이 자기 인생에서 해야 할 일은 많다. 단지 우리 몸뚱이 하나만으로는 이를 해낼 수 없다. 내가 지금 뮌헨에 있다면 우선 너에게 세례를 주었겠지. 즉 나는 우리 모두가 불림을 받은 하느님의 존엄에 네가 참여하도록 했을 것이다. 하느님의 사랑이 한 번 우리 안에 오시면 우리는 고귀하게 되고, 우리는 변화되는 것이지. 우리는 그 순간부터 인간 이상의 존재가 된다. 하느님의 권능이 우리에게 주어지고, 하느님 스스로 우리 생명과 더불어 사신다. 언제나 그래야만 하고, 점점 더 그래야만 한단다. 나의 아이야. 한 인간이 궁극적인 가치를 가지고 있느냐, 그렇지 않느냐 하는 것도 여기에 달린 것이야. 그래야 가치 있는 귀한 인간이 되는 것이란다.

나의 사랑하는 알프레드 세바스챤.

나는 여기 아주 높은 산 위에서 지내고 있다. 사람들이 소위 삶이라고 일컫는 것은, 저 아래에, 저 혼미하고 불투명한 어둠 가운데 자리한다. 이곳 위에서는 인간의 고독과 하느님의 고독이 만나 진지하게 둘 사이의 대화를 나눈다. 밝은 눈을 가져야 한다. 그렇지 않으면 여기서는 빛을 견디지 못한다. 강인한 허파를 가져야 한다. 그렇지 않으면 잠시도 숨을 쉴 수가 없다. 현기증이 없어야 하고, 적적하고 좁은 고지를 견디어 낼 수 있어야 한다. 그렇지 않으면 추락하게 되고, 사소한 일과 간계의 희생물이 되고 만다.

알프레드 세바스챤, 너의 인생을 위해 내가 바라는 것은 바로 밝은 눈, 강한 허파, 그리고 자유의 고지를 쟁취하고 견디어 내는 능력이다. 이것들을 단지 너의 신체, 너의 외적인 성장과 운명을 위해서만 바라는 것이 아니다. 그보다도 훨씬 더 너의 내면의 자신에게 바라는 것이다. 네가 너의 삶을 하느님과 함께 살기를, 인간으로서 기도하며, 사랑하며, 자발적으로 봉사하며 살기를 바라는 것이다.

전능하신 하느님, 성부와 성자와 성령이 너를 축복하고 인도하시기를 기원하면서.

너의 대부 알프레드 델프

이글을 나는 사슬에 묶인 손으로 썼단다. 이 사슬에 묶인 손을 너에게 유산으로 양도하고 싶지 않구나. 그러나 이 사슬을 지니고 있는 자유를, 이 사슬의 속박 가운데서도 자기 자신에게 충실한 자유를 네게 유산으로 물려주고 싶다. 더 아름답고 더 부드럽고 더 안전하게 선사되는 자유를.

먼저 간 마지막 친구들

한 베를린 시민의 일기에서

1945년 1월 23일

성 라이문도 축일

오늘 10명의 남자가 '다른 독일을 위한 순교자'로 죽었다. 교수대로 가는 그들의 마지막 행진은 충격적이었다고 부흐홀쯔 신부는 전했다. 친위대와 비밀경찰은 항상 그러하였듯이 플뢰첸제의 처형 장면을 보기 위해 무리를 지어 나타났다. 어떠한 성직자에게도 이 마지막 시간에 사회로부터 영원히 제거되는 사람들과 대화하는 것이 허락되지 않았다. 또한 말없이 그들을 교수대로 동행하는 것조차도 허락되지 않았다. 그러나 부흐홀쯔 신부에게는 자신을 추종하는 충실한 사람들이 있었다. 그는 때맞춰 소식을 들었고, 신속히 그곳으로 서둘러 가서 여러 번 그러했듯이 그가 잘 아는 구석진 곳에 숨어서 이 비극적인 죽음의 행진을 목격할 수 있었다. 그들은 당당하게 동요치 않고 교수대로 걸어갔다. 부흐홀쯔 신부는 개개인마다 축복을 빌었다. 니콜라우스 그로쓰는 축복 중에 머리를 조용히 숙였다. 이미 그의 얼굴은 기꺼이 준비된 마음으로 맞이하게 될 영광으로 온통 빛나는 듯하였다. 몰트케 백작은 조용히 말했다.

"하늘에서 다시 뵙시다. 신부님!"

부흐홀쯔 신부의 말에 따르면 그의 얼굴은 '결혼하러 가는 사람의 얼굴처럼 환하게 빛났다.' 오이겐 볼쯔는 참수형으로 죽는 '은전'을 받았다. 부흐홀쯔 신부는 마지막 순간에 그의 감방으로 들어갈 수 있었다. 이 사형수는 무릎을 꿇고, 그에게 이 극단적인 생명의 위협 속에서 죄 사함의 축복을 빌어 달라고 요청했다. 그리고 나서 그는 조용하나 간곡한 어조로 이렇게 말했다. "저의 아내와 딸에게 안부를 전해 주세요. 그들을 위로해 주세요. 그들과 모든 이들에게 말해 주세요, 저는 독일을 위해 죽었다고."

부흐홀쯔 신부가 오늘 있었던 죽음의 행진에서 사형 선고를 받았지만 죽게 되지는 않을 것이라던 사람(에르빈 플랑크)이 침착한 표정으로 교수대로 걸어가는 것을 보았다고 말했을 때 우리는 너무나도 놀라웠다. 그것은 — 판결을 받았지만, 처형되지 않는다는 것은 — 드러난 비밀이었다. 세상이 존경하는 대학자인 그의 연로한 부친을 배려해서 그가 처형되지 않기로 되어 있었는데. 도대체 어찌 된 것인가? 오류였을까? 복수였을까? 그의 아버지와 가련한 아내는 알 도리가 없을 것이다.

이 견디기 힘거운 날에 일어난 또 다른 알쏭달쏭한 일은 같은 날에 다른 이들과 함께 사형 선고를 받은 델프 신부, 헤르메스 박사, 그리고 쉬텔쩌 박사가 오늘 죽음의 행진에 모습이 보이지 않았다는 사실이다. 그들은 아직 살아 있는 것일까? 새로운 고통을 위해, 다른 순교를 위해 남겨진 것일까? 하느님이 그들에게 '출감의 기적'을 베푸시려는 것일까?

델프 신부가 뮌헨에 보낸 편지

1945년 1월 24일

오늘은 매우 힘든 날입니다. 이제 모든 저의 친구들과 동지들이 죽었습니다. 그러나 저는 남아 있습니다. 이제 여기 사슬에 묶여 있는 유일한 사람입니다. 이것이 무엇을 뜻하는지 저는 알지 못합니다. 하지만 좋은 일은 결코 아닐 것이라는 예감이 듭니다. 그러나 혹시 이것이 기적이 일어나는 데 필요한 연결고리일지도 모르지요.

저는 슬픔과 놀람으로 인해 매우 피곤합니다. 인간적으로 볼 때 함께 가는 것이 더 편할지도 모릅니다. 아, 인생은, 이승이건 저승이건 제가 다시 확실한 땅에 발붙이기 전까지는 기이한 방식으로 진행되는 것 같습니다. 제가 어떻게 지내는지 여러분들이 밖에서도 느꼈으면 합니다. 그리고 앞으로 며칠 동안 기도로 저를 도와주시기를 바랍니다.

친구들이 죽었던 바로 그날, 저는 알프레드 세바스찬이 태어났다는 소식을 들었어요. 죽음과 삶이 서로 인사하는군요! 그것이 우리의 인생입니다.

그 어느 때보다도 한층 더 저의 생명은 이제 절대적으로 하느님의 수중에 놓여 있어요. 저로서는 이제 합리적인 어떠한 방도도 도모할 수 없게 되었습니다. 저는 기도하고, 신뢰하며, 저를 주님께 맡깁니다. 여러분에게 강복을 내립니다.

안녕히 계십시오.

게오르그

델프 신부가 베를린에 보낸 편지

1945년 1월 24일

선하신 여러분, 어제와 오늘은 침통한 날입니다. 갑작스럽게 이런 운명의 고독을 견디어 내야만 하는 것보다는 플뢰첸제로 함께 갔었다면 그것이 훨씬 견디기 수월했을지도 모릅니다. 교수대로부터 얻은 이 휴가가 확실히 좋은 일은 아닙니다만, 혹시 이것은 악한 의도에서 만들어졌으나 선한 목적으로 사용될 기적에 이르기 위한 연결고리가 될지도 모르겠습니다. 다가올 며칠 동안 제가 기도하는 데에 동참하여 저를 많이 도와주십시오. 많은 도움이 헬무트 몰트케와 다른 이들과 함께 사라졌습니다. 저는 이제 여기 사슬에 묶인 유일한 사람입니다. 이 신속한 집행과 예외의 배경에 대해 어떤 뭔가 알려진 것이 있나요?

P에게 저의 진심어린 인사와 소망을 전해 주십시오. 그녀의 근심의 일부를 저에게 선물하라 하세요. 저 역시 제 자신의 십자가의 길을 걸으며 고비들을 그녀에게 선사합니다. 우리가 다시 만날 때(언제?) 우리 모두는 다른 사람이 되어 있으리라 생각합니다.

뮌헨과 소식을 주고받는 일 등등 여러 가지가 이제는 더욱 어려워지겠지요. 사람들이 다른 일들을 위해서도 필요할 테니까요. W 양은 그녀가 일하고 있는 제약회사에서 직접 병원으로 소포를 보낼 수 있습니다. 상황에 따라서 뮌헨에 알려 주시기 바랍니다. 아, 세계의 역사가 빨리 진행됐으면 하는 생각을 자주 하게 됩니다. 우리는 역사가 어디로 흐를지 분명히 알지 않습니까. 왜 14일 전에 집행되지 않았을까요. 예수회원들에게도 며칠 동안 많은 기도를 해 달라고 부탁하시기 바랍니다. 우르비가 쓴 편지는 43년 2월 15일에 작성되었습니다. 그 사이에 여러분도 이미 보셨겠지요. 깊은 감사를 드리며 하느님의 축복과 보호가 있으시기를.

막스

한 베를린 시민의 일기에서

1945년 1월 26일
주교이자 순교자인 성 폴리카르프의 축일

아, 이런 날도 있는가! 먼저 전례가 있었다……. 그리고 나서 나는 몰트케 백작의 미망인을 만났다. 그녀는 그녀의 남편처럼 매우 호탕한 성격이다. 그녀는 남편이 교수대로 가는 길에서 '빛나는 얼굴'을 보여줄 수 있었다는 점과, 하느님이 그에게 이 믿음의 힘을 선사하셨음에 마음 깊이 감사하고 있었다……. 그녀는 남편과 함께 몰트케 가족의 영지인 크라이스아우에서 회동했던 그룹의 영혼이자 그 중심이었다. 그리스도교의 기초 위에 독일의 정신적, 사회적 재건을 꾀하는 것이 그 모임의 목적이자 내용이었다. 프라이슬러는 이를 '들과 벌판과 숲 속에 흩어져 사는 졸개들의 역모'라고 불렀다. 국가사회주의에 저항한 근본적인 반대 운동에서 저항 그룹의 중심이었던 크라이스아우 그룹은 이 판결에 긍지를 가질 수 있다. 신교와 구교에 구별 없이, 모든 계층과 모든 직업, 모든 정당, 모든 교육계층과 지식계층을 초월하여, 그리고 성직자와 평신도의 차별도 없이 많은 사람들이 그 그룹에 속해 있었다. 그들에게 중요했던 것은 분명하고 최종적인 결단이었다. 그들이 감옥과 교수대에서도 함께 기도했다는 사실은 결코 놀랄 만한 일이 아니다.

그들이 테겔 감옥에서 혹시 위대한 페트루스 카니시우스[28]의 정신으로 서로 연대하여 기도한 것은 아닌지?

"오, 주님, 당신은 얼마나 간절히 그리고 얼마나 자주 저의 가슴속에 독일을 생각하는 마음을 주셨는지 알고 계십니다. 그리하여 저는 저를 온전히 독일을 위해 바치고, 독일을 위해 살고 죽는 것 외에 더 이상 어떤 다른 것도 바라지 않습니다."

- 1945년 1월 26일 청구 쪽지

지금까지 하나의 의미가 이미 가시적으로 드러났습니다.

기도하도록 계속 도와주시기 바랍니다.

게오르그의 마지막 편지에는 뮌헨과 연락할 수 있는 가능성이 언급되어 있습니다. 그 밖에도 알프레드 세바스챤의 아버지가 갈 수 있습니다.

델프

---

28) 역주: Petrus Canisius(1521-1597) - 예수회 창립 당시의 예수회 신부로서 종교개혁의 발상지인 독일어권 지역으로 파견되어 일생을 독일에서 루터교를 비롯한 개신교와의 대결을 극복하기 위해 활약했음.

델프 신부가 베를린에 보낸 편지

1945년 1월 26일

선하신 여러분, 아주 힘든 한 주였습니다. 지금까지의 삶 중에서 가장 어려운 주간이었을 것입니다. 제가 가야 할 이 특별한 길을 지시하는 몇 가지 암시가 이미 가시적으로 드러났음에도 불구하고 저는 자주 한 시간이라도 기꺼이 딴 생각으로 도망가고 싶었어요. 그러나 결코 그럴 수 없었지요. 그렇게 하기에는 저의 상상력은 이미 마비되고 말았습니다. 저는 이제 교수대에서 어떻게 진행될 것인지 알고 있습니다. 하지만 저는 바로 그 현장에서 그것을 경험한다면 그것으로 아주 충분하다는 생각입니다. 그런데 아무튼 지금 저는 그것을 압니다. 심장은 그런데도 계속해서 뛰지 않을 수 없습니다. 저는 이제 정말로 하루 종일 이성을 가진 사람을 볼 수 없으니까요. 다음 주에 예수 성심 금요일과 동시에 마리아 축일(2월 2일, 델프의 처형일)을 맞이합니다.

기도해 주십시오. 7순 주일 미사(1945년 1월 28일)에 우리 모두와 그리고 또한 저를 위한 기도가 드려집니다. 절반은 확실히 맞을 것 같습니다. 바라건대 나머지도 그러길 바랍니다.(입당: 시편 17, 5-7 / 화답송: 시편 9, 10-11; 19-20 / 부속가: 시편 129, 1-4 / 봉헌: 시편 91, 2 / 영성체: 시편 30, 17-18)

아우구스트(예수회 관구장 뢰쉬 신부의 가명)가 견디어 내고 입을 닫고 있느냐에 일의 많은 부분이 달려 있다고 생각합니다. P에게 인사를 전해 주세요. 저는 그녀를 잊지 못합니다. 그녀 자신과 그녀의 배려를 결코 잊지 못합니다. 여러분들 모두에게 하느님이 보호해 주시기를.

여러분께 감사드리는 막스

델프 신부가 뮌헨에 보낸 편지

1945년 1월 26일

이번 주가 7월 이후 가장 힘들고 고통스러운 시간이었습니다. 친구들, 특히 헬무트의 죽음은 그 자체로 이미 견디기 어려운 것입니다. 거기에다 덧붙여서 비극의 논리, 즉 마지막까지 남김없이 섬멸해 버리려는 의지를 그토록 가공되지 않은 채 있는 그대로 그리고 끔찍한 양상으로 경험하게 되었던 것입니다. 그런 다음에 다시 이런 특별한 방식의 살아남겨져 있음과 조우하게 되었습니다. 이를 통해서 저는 살아야 하고, 희망해야 하는 의무가 다시 새롭게 지워져 있다고 느낍니다. 이러한 느낌이 전에는 이 주간처럼 힘들지는 않았었지요. 하지만 이 '예외' 뒤에 어떤 선의가 있는 것 같지는 않습니다. 그러나 하느님은 굽은 막대기로도 늪지 위에 통나무 길을 만드실 수 있습니다. 더 이상은 필요하지 않습니다. 유감스럽게도 이제는 연락하는 일이 아주 어렵게 되었습니다. 더 많은 기도를 부탁드립니다. 여러분은 이미 그렇게 하실 것이고, 저를 도우실 것입니다. 그렇지 않은가요!

게오르그

- 1945년 1월 30일 마지막 청구 쪽지

  기도해 주세요. 믿습니다.

  감사합니다. Dp.

한 베를린 시민의 일기에서

1945년 1월 31일

성 돈 보스꼬 축일

오늘 아침 평소에 그랬던 것처럼 델프 신부는 테겔에 있는 감옥에서 거룩한 희생 성사를 거행했다. 이것이 그의 생애 마지막 미사였을까? 1월 11일 이후로 그가 매시간 기다리던 자동차가 저녁 무렵에 도착했다. 이제 그는 플뢰첸제에 수감되어 있다. 항간에서는 이 마지막 기착지를 공포와 죽음의 집이라고 부르지만, 그곳은 수많은 고귀한 사람들의 죽음에 의해서 거룩하게 된 장소이다. 러시아군이 들이닥치리라 예상되었기 때문에 특별 조치가 취해진 것이다. 즉 사형집행인은 심지어 밤이 되어도 플뢰첸제를 떠나서는 안 된다는 것이었다. 우리는 델프 신부의 지금의 처지를 몇몇 예수회원들과 친구들에게 알렸다. 이제 감옥에 있었을 그 어느 때보다도 그를 위해 더 많은 기도를 해야 할 것이다.

"어떤 것도 너를 두렵게 하지 못하리라. 어떤 것도 너를 놀라게 하지 못하리라. 모든 것은 지나가 버리나 하느님은 변치 않으신다."

그리스도의 밀알

한 베를린 시민의 일기에서

1945년 2월 1일
주교 순교자 성 이냐시오의 축일

"저는 그리스도의 밀알입니다." 오늘의 전례에 나오는 말이다. 델프 신부는 최근에 다음과 같은 짧은 글을 보냈다.

"오직 한 가지 일을 위해서 노력하겠습니다. 즉 최소한 풍요롭고 건강한 씨앗으로 땅에 떨어져 주님이신 하느님의 뜻에 맡기는 것입니다."

부흐홀쯔 신부는 바로 전에 다시 한 번 소식을 주었다. 처형은 오늘 집행되지 않을 것으로 보인다는 것이다.

감옥에 있는 처형 장소(베를린의 플뢰첸제)

1953년 7월 20일에 교수대 아래에서 집전된 미사(사진: 바그너)

사형 선고 후 159

보겐하우젠의 성 게오르그 성당의 추모판(기획: 한스-야콥 릴)

1945년 2월 2일

주님 봉헌 축일

델프 신부가 오늘 교수형으로 돌아가셨다.

우리는 오늘 아침 그가 임종 성체를 받아 모셨으나, 아직은 살아 있다는 소식을 들었다. 그 즉시 우리는 다시 '해방의 기적'을 바라는 희망을 갖게 되었다. 그가 막 편지에 쓴 것처럼 우리는 그가 도움을 필요로 하는 한 그를 위해 기도하고, 그를 도와야만 한다. 도대체 지금보다 더 우리의 도움이 절실히 필요할 때가 있을까? 그래서 우리는 이른 오후에 임종기도를 바쳤다.

"전지전능하신 하느님 아버지의 이름으로 나아가라…….
너를 땅의 먼지에서 형성하신 너의 창조주께 다시 돌아가라…….
천사와 순교자들의 합창이 너를 마중하리라…….
오늘 안에 너의 거처가 자유의 나라에 마련되리라……."

부흐홀쯔 신부는 자신의 사제 생활 전체를 통틀어서 그와 같은 사람의 임종을 돌보게 된 것은 처음이라고 말한다. 진실로 그는 '용기와 인내의 모범'이었다는 것이다.

모든 것이 얼마나 자비롭게 준비되었던가! 오늘은 예수 성심 금요일, 이날은 그에게 언제나 '특별한 날'이었다. 그리고 이날은 동시에 마리아 축일이고 또 그의 수도회에 첫 서원을 발했던 날이기도 하다. 바로 이날 델프 신부는 하느님께 마지막 봉헌을 마친 것이다.

이른 오후에 부흐홀쯔 신부에게 전화가 왔다. 이제껏 그에게서 들어본 적이 없는 충격 받은 목소리였다. 그것으로 우리는 무슨 일인지 알아차렸다. 델프 신부가 예상했던 '피조물의 시간'은 그를 엄습하지 않았다. 언젠가 그는 자기를 위해서 그리고 자기와 함께 '하느님의 섭리와 허락을 감당할 수 있도록 하느님께서 나(델프 신부)를 능력으로 붙잡아 주실 것을' 기도해 달라고 하였는데, 이 기도가 우리가 바랐던 것 이상으로 응답을 받은 것이었다.

오늘 괴르델어와 포피쯔도 특별조처에 의해 희생되었다. 그들 역시 남자답게 용감하게 교수대로 걸어갔고, '다른 독일을 위한 순교자'로 죽었다. 헤르메스 박사와 쉬텔쩌 박사는 아직 살아 있다. 하느님께서 '더 나은 독일'을 위해 그들을 정말로 살려 두시려는가? "우리가 죽기 때문에 다른 이들이 언젠가는 보다 더 잘살 수 있어야 한다. 보다 더 행복하게 살아갈 수 있어야 한다."라고 델프 신부는 썼다.

1945년 2월 3일

성 블라시오 주교 순교자 기념일

오늘 오전에 끔찍한 공습이 있었다. 하늘에서 불과 유황이 비 오듯이 쏟아져 내렸다. 온 천지가 요동쳤고 굉음이 터졌다. 집들은 흔들렸다. 모든 대중교통이 마비되어 나는 걸어서 집으로 갔다. 많은 사람들이 도심에서 교외로 빠져나갔다. 모두가 연기가 나는 폐허와 비참함과 주검을 지나서 파괴된 도로를 따라 두세 시간을 온 힘을 다해 걸었다. 모두가 지쳤고, 당황하였고, 겁을 먹었으며, 무감각해졌다. 도망치듯 가는 사람들이 있는가 하면, 참을성 있게 천천히 가는 사람들도 있었다. 우회로로 가야 했기 때문에 나는 '우연히' 벨뷔 거리에 있는 민족재판소를 보게 되었다. 재판소 건물은 화염에 휩싸여 있었다. 갑자기 온몸이 전율했다. 온몸이 마비된 듯했다……. 얼마나 많은 신성모독이, 신의 부정이, 신에 대한 증오, 불의와 악행이 바로 이 건물에서 자행되었던가. 우리는 종종 이런 생각을 했었다.

"하느님, 도대체 얼마나 더 오래 저 악당이 설쳐 대도록 놔두시렵니까?"

1945년 2월 5일
성녀 아가타 동정 순교자 기념일

"프라이슬러가 죽었다! 엊그제 그는 폭탄에 맞아 죽었다." 오늘 아침 믿을 만한 지인이 레르터 거리로 향하는 길에 나에게 그렇게 속삭이듯 말했다. 처참한 모습으로 죽었다……. 그가 악행을 저지른 그 자리에서……. 하느님은 모든 인간의 주님이시며 심판관이시다…….

1945년 2월 6일

갑작스런 프라이슬러의 죽음 소식을 접하니, 그의 모습이 다시 선명하게 나의 눈앞에 나타났다. 1943년 11월 신부 박스만 박사에 대한 첫 공판에서 나는 그를 단 한 차례만 보았을 뿐이다……. 모든 것이 오늘 다시 나에게 떠올랐다. 어떻게 이 오랜 시간이 지난 후에 경쾌한 걸음과 비웃음이 숨겨진 얼굴과 함께 프라이슬러가 나타났을까? 그와 다른 재판관이 걸친 핏빛의 법복이 이제 '사탄의 유희'가 시작될 것을 암시했다. 내가 결코 잊을 수 없는 것은 서슬 퍼런 날카로움, 비열한 말의 왜곡, 아무 거리낌 없이 능수능란하게 구사하는 심리학을 동원하여 희생자뿐만 아니라 증인을 '몰염치하게 신문'할 줄 아는 파괴적인 지성이었다. 게다가 배심원, 검사, 피고와 청중을 자기편으로 만들어서 동의를 하게끔 부추기는 그의 유도 심문하는 능력은 가히 충격적이다.

이 모든 것은 무슨 동기에서 자행되었을까? 소위 '지도자'에게 맹목으로 헌신하는 봉신(封神)인가? 악마의 도구인가? 잠재적 공명심과 권력 욕구의 발산인가? 사제의 눈길은 분명히 프라이슬러를 광기로 내몰았다. 그 정점은 교회에 대한 독살스런 모욕이었고, 예수의 이름에 대한 조롱이었다……. 악마적인 정권은 자신을 치려는 하느님의 모든 종들을 범죄자로 만든다. 그럼에도 불구하고 그들은 순교자, '피로 증언한 증거자'들이다. 그리스도가 이미 그와 같은 취급을 당했었는데, 어찌 '종이 상전보다 나은 대접을 받을 수 있을 건가?'

독일 민족재판소의 소장 앞에서 전개되었던 그 공판은 선동적인 역사 강습이었다! 이제 그는 죽었다. 하느님은 그를 생명에서 끌어내어 그분의 심판석 앞으로 불러낸 것이다.

그의 죽음의 형태에 관해 수많은 버전들이 회자되었다. "그중 어느 것도 맞지 않는다."고 이 사안의 내막을 알고 있는 사람이 우리에게 확인해 주었다. "그는 그가 근무하는 건물의 방공대피소 지하실에서 구멍 속에 낀 생쥐처럼 죽었다." 폭격 후에 그의 시신은 개신교에서 운영하는 어느 병원 응급실로 옮겨졌다. 거기서 (개신교의 사회봉사 임무에 종사하는) 간호사가 그의 신원을 확인하였다. 몇 주일 전 그녀의 오빠는 그에게서 사형 선고를 받았다. 그런 그녀가 어떻게 그를 다시 알아보지 못하겠는가! 특이한 섭리로다.

1945년 2월 9일

델프 신부의 죽음에 관하여 우리가 사전에 약속해 두었던 전보 내용을 그의 누이는 올바르게 판독했다. 이 마지막 소식조차 이 테러의 시대에서는 위장된 형태로 전해져야만 했다. 불쌍한 누이와 불쌍한 부모! 아들의 마지막 명상들이 그들에게 위로를 안겨 주리라…….

흩뿌려진 재 – 그럼에도 잊히지 않으리!

한 베를린 시민의 일기에서

1945년 2월 10일

뮌헨에서 충실한 두 사람이, 타텐바흐 신부와 루트가 다시 한 번 이곳에 왔다. 슬픈 재회! 그들은 델프 신부의 유물을 가져가려는 것이다. 그의 화장재도 얻게 될 것을 희망했다. 그의 화장재는 뮌헨의 축성된 땅에 안치되어야 한다는 것이다. 그것이 이루어질 것인가? 그 어느 무엇이든 얻어 낼 수 있을까?

11년 전 7월 30일 대량 살상이 자행되었을 때만 해도 처형된 사람들의 화장재는 단지에 담겨서 등록을 마친 후에 가족들의 손에 넘겨졌다. 많은 사람들이 특별히 이 목적을 위해서 만들어진 부서에서 그것을 교부받았다. 물론 그 당시 우리는 정말로 그것이 처형당한 이들의 화장재인지 의심했었다. 이제는 이런 인간성의 가면조차도 없어졌다.

1945년 2월 11일
루르드의 복되신 동정 마리아 기념일

루트는 오늘 아침 뭇 인사들의 이름과 복무 주소가 적힌 서류로 단단히 무장하고서 마지막 싸움을 시작하기 위해 집을 나섰다. 저녁이 되어 그녀는 지친 몸으로 집으로 돌아왔다. 시계만을 빼고 델프 신부의 모든 물건들은 그녀에게 인도되었다. 화장재는 받지 못했다…….

그 당시 독재자들이 자신들의 손에 죽은 희생자의 화장재에 관해서 어떻게 생각했는지를 우리는 이제 『계간 시대역사』[29]에 실린 힘러의 말에서 알 수 있다. 하인리히 힘러는 당시 근위대 최고지휘자요, 독일경찰청장, 제국내무부장관, 신임 예비군 사령관 등의 직책들을 겸임하고 있었다. 한마디로 히틀러 다음의 최고 권력자였다. 그는 1944년 8월 3일 포센에 모인 지역 지도자들에게 1944년 7월 20일 사건 등에 관해 다음과 같이 말했다.

"…… 나는 시체는 불태우고 그 재는 들판에 뿌리라고 명령했다. 이런 사람들에 대해서는, 그리고 이제 처형될 사람들에 대해서도 마찬가지로, 우리는 그 어떤 무덤 앞에서 혹은 그 외의 다른 장소에서 벌이게 되는 아주 사소한 방식의 기억마저도 가지고 싶지 않다.

제국의 원수를 '밭 위에 뿌리는 것은 너무나 과분한 것이다. 하수구 도랑 위에 재를 뿌려라'고 명령했는데 그것은 아주 올바른 생각이었다……."

이리하여 델프 신부의 재는 안치될 무덤을 찾지 못했다. 그의 부모는 그를 위해 람퍼르트하임에 있는 고향 공동묘지의 가족 묘역에 비석 하나를 세우도록 했다. 뮌헨의 성 게오르그 성당에는 델프 신부와 나치 정권에 희생된 다른 세 사람을 기억하는 추모판이 걸려 있다.(160쪽 사진)

헤르만–죠셉 베를에 박사
1899년 7월 26일 태어나 1944년 9월 14일 처형됨

---

[29] 『Vierteljahresheft für Zeitgeschichte』, 한스 로트펠스, 테오도르 에쉔부르크 편집 (1953년 10월)

루드빅 프라이헤르 폰 레오로드
1906년 11월 17일 태어나 1944년 8월 25일 처형됨

프란쯔 쉬페르
1878년 2월 12일 태어나 1944년 1월 23일 처형됨

알프레드 델프 S.J.
1907년 9월 15일 태어나 1945년 2월 2일 처형됨

복음을 위하여 나는 고통을 받고 있습니다.
심지어 흉악범처럼 사슬에 묶여 있습니다.
그러나 하느님의 말씀은 그로써 묶여지지 않습니다.

— 티모테오2서 2장

그의 거룩한 뜻은 그리스도교적인 독일이었다.
이를 위해 그는 용감히 자신의 생명을 희생했다.

생생한 기억

많은 이들을 대신하여

친구의 미망인, 백작 부인 프레야 몰트케

교도소 재소자의 영성을 보살피는 고위성직자 피터 부흐홀쯔

많은 이들을 대신하여

도미니꼬회 신부인 친구 오딜로 브라운

내가 1942년 알프레드 델프 신부를 처음으로 만난 것은 뮌헨의 한 수녀원에서였다. 그를 쾨니히 신부에게 소개받았다. 이 첫 대면은 아주 유쾌하게 진행되었다. 『비극적 실존』(델프 신부가 집필한 한 학술 논문의 제목)이 약간 조롱기 섞인 암시 속에서 언급되었다. 그가 이 미묘한 조롱을 받아들이는 태도, 호탕하게 함께 웃는 모습, 심지어 하나도 숨김없이 이 농담에 대해 기쁨을 보여주는 그의 자세, 이 모든 것은 나로 하여금 그에게 즉시 가까이 다가서게 만들었다. 이 대면을 통하여 곧바로 나는 그에게서 느낄 수 있는 뭔가를 구하고 찾으려는 자세, 노력하고 성숙하려는 태도, 그 어떤 것에도 결코 그의 억압되지 않은, 자연스러운 젊은 천성을 억누르지 않는 한 인간을 만나게 됐음을 느꼈다. 델프 신부는 그가 쓴 것들만을 통해서 그를 알고 있는 사람들이 생각하는 것과는 전혀 다른 사람이었다.

얼마가 지난 후 그는 베를린에 있던 나에게 나타났다. 마치 한 친구가 절친한 친구를 방문한 것처럼 그는 왔다. 그는 내 집에서 지낼 수 있다는 말을 듣고는 기뻐하였고, 매우 공공연하게 감사를 표시했다. 그가 베를린에서 머무른 목적은 제3제국에 대항하여 투쟁하기 위해서였고, 이 제국이 붕괴된 후의 상황을 준비하려는 노력에 있었다. 나의 숙소에 머무르게 된 것은 그에게 다행스런 것이었는데, 왜냐하면 그렇게 함으로써 그는 자기 동료 회원들이 위험에 빠지는 것을 막을 수 있었고, 그가 만일 의심을 받는다면 피해 가야만 하는 그런 필수적인 일을 구태여 할 필요가 없었기 때문이다. 일의 성격상 그는 어떤 정보나 설명도 할 수도 없었고, 해서도 안 되었다. 하지만 우리 사이에서는 달랐다. 우리는 서로 간에 상대방이 불필요한 사람이 알아서는 안 되는 무언가를 행하고 계획하고 있다는 것을 알고 있었다. 누구도 상대에게 그가 무슨 일을 하고 있는지 묻지 않았다. 단지 우리는 각자 서로에게 가능한 도움을 주려고 노력했다. 알프레드 델프는 협력자가 될 수 있었다. 낙천적이고 자연스런 성격 때문에 그는 많은 친구와 협력자를 얻었다. 모든 도움에 대해서, 가장 사소한 도움에 대해서까지 기뻐하는 그의 태도로 인해서 사람들은 오히려 그에게 감사의 정을 느꼈다. 여행하는 일이 우리에게 점점 더 어렵고 위험하게 되었을 때 그가 충고나 도움을 줄 수 있었던 사실은 따라서 놀라운 일이 아니었다. 침대칸 기차 좌석은 고위 명사들만 차지할 수 있었던 당시에 그는 이렇게 조언했다. "엑셀소이어 호텔의 수석 프런트 담당을 찾아가게. 그는 발이 넓지. 그 사람은 내 친구인데, 자네에게 모든 것을 배려할 거야." 그의 말대로 했더니 과연 일이 성공적으로 잘되었다. 그의 말이 맞았던 것이다.

1944년 7월 20일 사건 직후 나는 관구장님과 함께 뮌헨 보겐하우젠에 있는 델프 신부를 방문했다. 불안한 예감이 우리 모두를 침통하게 만들었다. 그가 얼마나 큰 위험에 처해 있는지, 그 위험이 얼마나 가까이 있는지 누구도 알지 못하였다. 그러나 우리는 그것에 관해 이야기하지 않았다. 우리를 감시하는 자가 잠시 자리를 뜬 짧은 순간에 몇 차례 그는 나에게 눈짓을 했을 뿐이다. 그의 눈빛에는 모든 것이 담겨 있었다. '상황이 어떻게 될 것인가?'라는 물음과 동시에 '하느님이 이미 알아서 하신다!'라는 대답과 신뢰를 보내었다. 그리고 나서 그는 바로 얼마 전 성당과 사제관에 떨어진 폭탄으로 인해 입은 말할 수 없이 심각한 피해를 적나라하게 드러내고 있는 본당 터로 우리를 안내했다. 경당과 강의실, 본당 사무실은 다시 쓸 수 있게 되었다. 부분적으로는 지하실에 마련했지만, 여하튼 있을 것은 다 있었다. 그는 앞으로 계속 새로이 건물들을 지어 나갈 구상을 우리에게 신명나게 설명했다. 그것이 1944년 7월의 일이었다.

알프레드 델프가 위험에도 불구하고 거리낌 없이 계속 활동했기 때문에 그를 사려 깊지 못한 사람, 조심성 없는 사람이라고 많은 사람들은 생각할지 모르겠지만, 그것은 천만의 말씀이다. 그는 다른 사람들뿐만 아니라 자기 자신에게도 신중해야 할 의무, 배려해야 할 의무가 있음을 아주 잘 의식하고 있었다. 그것은 그가 체포되고 난 후 어려운 몇 개월 동안의 그의 처신을 보면 알 일이다. 아마도 당시에 다음과 같이 말했던 사람들도 있었을 것이다. 델프 신부는 자신의 생명을 앗아갈 수 있고, 우리 모두에게 가장 힘든 피해 또는 가장 큰 손해를 끼칠 수 있는 사안들에 대해서 뭔가 신경을 썼어야만 했다고. 알프레드 델프는 한 아이가 물에 빠지는 현장을 목격하는 그런 사람의 입장에 처해 있었다. 구하려고 물에 뛰어든다면 아마 자신이 죽을 수도 있다는 생각이 그에게 전혀 들지 않았다. 그에게 그것은 자명한 의무였다.

1944년 12월에 하루 종일 진행된 심문의 막바지에 이르러 친위대 돌격대장이 – 그는 더 진전이 없었기에 매우 분개하면서 – 체념조로 나에게 이렇게 말했다. "당신이 지금 앉아 있는 바로 그 자리에서 델프 신부가 3주간 줄곧 나에게 거짓말을 했소." 그 말이 떨어지자마자 나는 귀가 멍할 정도의 따귀를 맞았다. 그제야 비로소 나는 그의 말에 웃었다는 것을 알았다. 나는 그 심문이 어떻게 진행되었는지, 그리고 그때 심문자가 얼마나 보잘 것 없는 역할을 담당했는지 상상이 갔다. 한편에는 정신의 민첩함과 탁월한 유머를 가진 알프레드 델프, 다른 편에는 그를 상대하고 있는 제복의 내용 외에는 어떤 것도 없는, 뻣뻣하고 어두운 권력의 대리인. 이 사람 앞에서 알프레드 델프는 거짓말로 발뺌 할 필요가 결코 없었다. 그의 올바른 심성과 숨기지 않는 자연스러움이 거기서는 충분한 무기였다.

보기 드문 신선한 젊음과 떳떳함은 그의 특징이었다. 그는 이 점을 하느님의 선물로 인식했고 그것을 조금도 포기하지 않았다. 그는 그 점을 충실하게 견지했고, 그 어떤 외적인 규범이나 형식도 그에게 어떤 해도 끼칠 수 없었다. 그것은 그에게 또한 탁월함을 안겨 주었다. 그가 매일 제단의 계단을 오르며 바친 시편 기도, '나의 젊음을 기뻐하는 하느님께, 하느님의 제단에 나아가리라'는 그의 생활신조가 되었다. 이 생기발랄함은 그것이 연원하는 영원한 샘에서 날마다 양육되어 그와 다른 이들의 기쁨이 되었다. 그는 온전한 인간으로서 하느님의 진정한 아들이었다.

1945년 성촉절(주님 봉헌 축일) 축일에 나의 감방에 한 개의 작은 초가 몰래 들여보내졌다. 축일 아침 나는 초 축성을 거행했다. 나는 축성된 초를 켰고 그 앞에서 명상 기도를 하였다. 스스로 작아지는 타고 있는 초가 우리에게 모든 것을 말해 주고 있지 않은가! 어떻게 이 초가 작고 누추한 감방을 변화시킬 수 있으며, 부드럽고 따뜻한 빛을 통해서 밝히고 생명을 불어넣을 수 있단 말인가! 이 얼마나 많은 빛과 색깔이 그 불꽃에서 빛나고 있는가! 나는 바로 그날 알프레드 델프가 하느님을 위해서 살았던, 그분 안에서 끊임없이 마지막의 기꺼운 희생으로 다했던 자신의 생명을 교수대에서 봉헌했다는 사실을 알지 못했다. 그의 주변에 빛과 기쁨을 선사할 수 있었던 그의 현존재 안에는 얼마나 많은 색과 빛이 있었는가. 그는 사제이자 수도자였으며, 학자이자 교사였으며, 기도하는 사람이자 투사였다. 이 모든 것의 근거는 인간이었다. 감추어지지 않고 자연스럽게 남아 있는 인간 말이다. 바로 죽기 전 사슬에 묶인 손으로 쓴 다음과 같은 그의 말은 마지막으로 우리에게 남긴 권고로, 즉 어떤 삶의 정황 속에 처하더라도 인간으로 남으라는 권고로 들린다.

"옥에 갇혀 지낸 기간에 알게 된 사실은, 인간이 만일 위대한 내면적인 자유와 넉넉함을 구가할 능력이 없으면 그는 이미 생명력을 잃어버린 것이고, 자신을 둘러싼 환경의 법칙과 관계의 법칙, 그리고 폭력의 법칙에 떨어지고 만다. 모든 외형적인 폭력과 상황에도 불구하고 침해할 수 없으며, 건드릴 수 없는 그런 자유의 분위기를 알지 못하는 사람은 이미 패배한 사람이다."

친구의 미망인, 백작 부인 프레야 몰트케

1954년 2월 22일의 편지에서 발췌

"…… 내가 처음으로 델프 신부를 본 곳은 1942년 크라이스아우였습니다. 그는 다른 우리의 동지들과 함께 어느 긴 주말에 열렸던 회합에 참석하기 위하여 우리에게 왔었습니다. 그는 위협적인 병에서 회복된 지 얼마 지나지 않아서였죠. 성공적으로 육체의 난관을 정신력으로 극복했다는 것이 그에게는 확연히 보였습니다. 그는 젊고 열정적이었습니다. 그는 이 회합에 참석했던 모든 사람들 중에 가장 어리게 보였으며, 명랑했으며, 생기에 넘쳤습니다. 그의 성격을 지배하는 단호한 진지함은 모든 인간적 관심사로 향한 그의 따뜻하고 친근한 기질 뒤로 사라졌습니다. 그 시절은 나에게 매우 분주한 나날이었죠. 특히 우리 모두가 진지하게 집중했던 사안 때문에 더욱 그러하였죠. 또한 나는 당시 진정 배고픈 많은 사람들을 만족스럽게 만들고 싶었기 때문에 그러했습니다. 때때로 글을 써야 하는 일이 있었습니다. 그래서 델프 신부는 나에게는 이 시절에 나와 관계했던 많은 중요한 사람들 중 한 사람이 되었던 것입니다. 그는 가톨릭 사회학자로서 크라이스아우에 왔습니다. 회합에서 그가 이야기했던 것을 나는 더 이상 세세하게는 기억하지 못하지만, 나는 분명히 내 앞에 서 있는 이 사람을 보고 있죠. 후에, 그러니까 1943년 여름, 나는 남편과 함께 뮌헨에 갔었습니다. 이 여행 역시 뭔가 협의해야 하는 일 때문에 가게 되었죠. 이 여행이 남들 눈에는 짧은 휴가 여행처럼 보여야 했기 때문에 나도 함께 가게 되었습니다. 우리는 보겐하우젠에 있는 아름다운 사제관에서 델프 신부를 만났습니다. 그의 안색은 반가움으로 번득였고 항상 그러했듯이 낙천적이었습니다. 돌아오는 길에 전차 속에서 남편과 나는 델프 신부가 젊은이들에게 얼마나 열광적이고 의미심장한 영향을 끼치게 될 것인가를 생각하면서 이야기했습니다.

그가 나의 남편과 함께 테겔의 감옥에 있었던 것은 1944~45년이었습니다. 나는 감방 사이의 벽이 얼마나 얇아질 수 있는지, 안과 밖의 연결이 얼마나 활발히 지속되는지를 체험했습니다. 나는 델프 신부를 더 이상 보지 못했지만 그는 그 당시 나에게 매우 가까이 있었습니다. 이 사실을 여러분 자신들이 나와 함께 경험했고, 여러분은 그것을 확인해 주실 겁니다. 우리는 – 안에 있든 밖에 있든 – 서로 함께 그리고 우리 모두를 위해서 살았습니다. 이상하게 들릴지 모르겠지만 그 시간은 위대하고 충족된 시간이었습니다……."

교도소 재소자의 영성을 보살피는 고위성직자 피터 부흐홀쯔

성령강림 대축일의 부속가(附屬歌) 해석에서 델프 신부는 '달콤한 영혼의 친구'(Dulce refrigerium)라는 단어에 대해서 서술하였는데, 그의 해석은 심원하고, 힘에 넘쳤으며, 위안을 주는 것이었다.

"우리는 한 사람을 만났어야만 한다. 단지 그가 우리 앞에 있는 것만으로도 또 우리 곁에 가까이 있는 것만으로도 우리를 격려하고 고양시키는 사람, 다른 사람을 위해서 안전과 기쁨과 신뢰의 자장(磁場)을 가져오는 사람, 어렵지 않게 분위기를 지배하는 그런 사람을 만나야 한다. 그때서야 비로소 우리는 이 단어가 무엇을 의미하는지를 이해하게 된다."

'7월 20일 사건'과 관련되어 테겔 감옥으로 호송된 사람들 속에서 내가 그를 처음 만났을 때 - 아마 1944년 8월 말이었을 것이다 - 나는 이 단어를 이해했다. 내가 델프 신부와의 첫 만남에 관해서 그리고 그 후 그를 방문한 많은 만남들에 관해서 짧은 핵심어로 기록했던 것은 안타깝게도 다른 많은 귀중한 메모들과 함께 베를린 점령 때 없어져 버렸다. 그러나 그때 이후로 매우 보기 드문 이 사람에 대한 나의 기억은 결코 없어지지 않고 확고히 남아 있다. 그에게서는 아주 많은 힘과 신뢰가 넘쳐 났기 때문에 내가 그의 감방 문을 나설 때는 마치 우리는 역할을 서로 바꾼 듯이, 즉 내가 그를 위로했던 것이 아니라 그가 나를 위로했던 것이 아닌가 하는 생각이 들곤 하였다. 그가 내 앞에 서 있었던 모습이 아직도 눈에 생생하다. 사슬에 결박당했으나 내적, 외적으로는 전혀 개의치 않는 태도, 큰 힘을 가진 사람, 자주 입가엔 침착한 웃음을 머금은 그의 자태가 눈에 선하다.

내가 그와 함께 감옥에서 고독을 나누었던 많은 시간에 우리는 진정 무엇에 관해 이야기했던가? 그것은 분명히 무엇보다도 우선적으로 그분에 관한 것이었다. 절대자를 갈망하는 그의 영혼이 씨름하고 성장하던 시절에 찾았던 하느님, 그리하고 나서는 더 이상 놓지 않았으며 자신을 완전히 소진하며 봉사했던 하느님이 우리 대화의 중심이었다. 하느님과의 만남으로부터 이 세상 안에서 구현되는 하느님의 질서와 다스리심을 위해 그가 모든 힘을 다해 얼마나 부단히 노력했는지, '영원한 빛 속에서 세상의 의미와 형식'을 얻어 내기 위한 노력이 그의 짧았지만 풍요로운 생애에 얼마나 많은 의미와 방향을 제시했는지에 관해서는 그가 체포당한 이후부터 처형당하기 전까지 작성한 수기가 잘 말해 준다. 이 수기는 후에 그의 동료 회원 파울 볼코바치 신부에 의해서 『죽음에 직면하여』라는 제목으로 출판되었다. 또한 이 수기는 감옥과 결박과 죽음에 가까이 처해 있는 상황, 그 어떤 것도 결코 움츠리게 할 수 없었던 한 정신의 고공비상을 보여준다.

물론 다른 것도 우리는 감지해야만 한다. 즉 그에게는 신고(辛苦)의 시간이 있었고, 그에게도 역시 겟세마니아의 고난이 비켜 가지 않았다는 사실 말이다. 종이 처했던 상황 역시 주인의 경우보다 더 나은 것은 아니었다. 그러나 그 시간은 오래 지속되지 않았다. 지상의 권력자보다 더 권능 있으신 분, 매일 그가 비밀리에 감방에서 올렸던 거룩한 미사 때 그에게 새롭게 다가왔던 그분의 도우심에 대한 끝없는 그의 신뢰는 계속해서 모든 피조물적인 두려움을 이겨 내게 만들었다. 주 하느님의 도우심에 대한 이런 소망이 그에게 얼마나 컸었는지 처형 직전에조차 그는 이렇게 쓰고 있다.

"저는 생명에 대한 완전한 신뢰를 가지고 있습니다."

그는 공소장이 주장하는 의미에서는 자신에게 결코 죄가 있다고 생각하지 않았다.

"상황은 거짓투성이입니다. 제가 하지도 않았고, 알지도 못했던 것이 나를 여기에 가두고 있습니다."

따라서 그는 일이 잘 풀릴 것이라고 믿었고, 모든 수단을 다해서 자신의 자유를 위해 싸웠다.

그래서 대화 역시 자주, 아직도 더 고려해야 할 것은 무엇인지, 무엇을 더 해야 할지, 누구에게 아직 더 문의해야 할지, 그리고 누가 여전히 도와줄 수 있을지 등등에 관한 것이었다. 하느님께 사로잡힌 상태에서 얻게 된 모든 깨달음으로부터 그는 하느님께서 자기를 모든 사슬로부터 해방시키시고 모든 시험들을 통과하게 만드시고 종국에 가서 인도하시려는 그런 삶을 위한 새로운 의무와 과제들을 보았다.

그런 뒤 일은 전혀 다르게 진행되었다. 하느님은 그의 생명을 위해서 보다 더 크고, 보다 더 깊은 완성과 충족을 마련하셨던 것이다. 그는 그의 주님이자 스승이신 하느님과 함께 골고타 언덕으로 오르는 고난의 길을 걸어갔다. 그는 얼마나 자신을 자제하는 가운데, 얼마나 평온한 마음을 가지고 사형 선고를 받아들였던가! 그리고 그는 '이런 결말과 이끄심 또한 자신을 보잘것없는 작고 소심한 존재로 만들지 않도록 하기 위해' 얼마나 노력했던가! 이것은 놀랄 만하고 동시에 감동스런 일이다. 초기 그리스도 교회의 초대 그리스도인들의 죽음을 상기시키는 하느님께로 향한 궁극적인 헌신과 기꺼이 죽을 수 있는 그런 준비된 마음의 증인이 될 수 있게 내게 허락되었다는 사실은 내가 얻은 가장 감동적인 경험에 속할 것이다.

"이제 반 시간 후면 나는 당신보다 더 많이 알게 됩니다!"

죽음에 관해 이렇게 말하는 사람에게 죽음은 이미 공포의 대상이 아니고, 그런 사람에게 죽음이란 하느님께 귀향하는 것을 의미한다. 따라서 내가 최선으로 할 수 있는 일은 그를 위해서 기도하는 것이 아니라, 그에게 가고자 기도하고 싶다고 말한다면, 사람들은 이상하다고 생각할까?

제 2 판 후기

델프 신부가 처형당한지 13년이 지난 지금 우리는 다음과 같은 양심의 물음을 하게 된다. "우리는 순교자들에게 부끄럽지 않게 살았는가?"

개인적인 차원의 추모를 생각한다면, 그렇다고 대답할 수 있다. 친척과 친구, 단체와 동우회는 고통 속에 죽어간 이들을 기린다. 수도원과 동료 단체들은 순교한 동료가 복자품을 받도록 노력하고 있다. 슬픔과 탄식도 줄어들지 않고 있다. 이들이 보여준 엄청난 용기에 경탄하는 마음과 이들의 위대한 행적 앞에서 갖게 되는 경외에 찬 경악스런 감정이 많은 사람들의 정신과 영혼을 가득 채우고 있다.

순교로 이끄는 고난을 함께 견디어 냈으나, 죽음을 당하지는 않았던 개개의 사람들은 – 또는 '홀로 된 사람들'이라 하는 것이 더 적절할지도 모른다 – 오늘 사회생활 전반에서 성공을 우선하는 세태 때문에 그리스도교적 양심이 잠들어 있는 경제 기적의 세상 한복판에서 다시금 '그들의 사람'을 내세운다.

"이른바 그리스도교적 세계의 기력이 지금처럼 계속 쇠해진다면 선구자들의 작업이 허사가 될 수도 있겠다."

1957년 10월 로마의 세계평신도회의에서 언급된 이 문장은 1933년에서 1945년의 순교 세대에 속하는 몇 안 남은 소수의 사람들이 직면하고 있는 시대상을 잘 보여주는 동시에, 그러한 처지에서 다시 한 번 흔들리지 않고 순교 정신을 다짐하는 것이라 하겠다.

순교자들에 대한 출판물들이 괄목할 정도로 증가했다. 여러 권으로 방대하게 편집된 도서들과 부피가 큰 단행본들이 출간되었다. 그러나 이 모두는 우선 '전기'에 관한 것들이다. 순교자들의 삶과 죽음, 그들의 투쟁,

그리스도교적인 의무로의 투신, 그리고 하느님과 세상 앞에서 마지막 결단을 위한 그들의 고뇌를 그리고 있는 것들이 내용의 대부분을 이룬다.

이 모든 것으로 충분한가? 13년이 지난 지금에 와서는 그것으로 충분하다 할 수 없다. 최근에 한 그리스도교 연구 모임은 순교한 우리 시대의 개신교와 가톨릭의 신자들에 관하여, 그리고 그들이 우리에게 남긴 과업에 관하여 논의했다. 한 순교자의 미망인은, 이와 같은 논의에 감동되었을 뿐만 아니라, 심지어는 감격스러워하면서 다음과 같이 말했다.

"우리 가족들은 돌아가신 분들에 관해서 말할 용기를 벌써 잃어버렸어요. 사람들이 그런 말 듣기를 싫어하니까요."

바로 이 맥락에서 이 글 서두에 던진 양심 문제의 부정적인 측면이 우리에게 명백히 드러난다. 사람들은 더 이상 그에 관해 들으려 하지 않고, 더 이상 그것을 기억하지 않으려는 것이다. 그러나 수많은 처형당한 이들의 순교는 하나의 과제를 우리 시대에 남겼다. 그 과제란 그리스도교적인 삶을 철저하게 마지막 귀결에 이르기까지 살아가라는 것이다. 정치도 그리스도교의 기본 정신에 입각해서 수행되어야 한다는 것이다. 의회와 정부도 결국은 국민들이 강력하게 또는 약하게 바라는 바를 수행하는 일을 위임받은 대리인에 불과한 것이 아니겠는가. 그리스도교 백성인 우리는 그런 귀결을 확고한 의지로서 요구하지 않으면 안 된다.

이제 개인적으로 존경하는 일은 그만하고 역사적인 행동으로 나아가야 한다! 순교자는 '그리스도교의 씨앗'이다. 이 말은 오늘도 유효하다. 열매를 맺기 위해서 씨는 땅속에서 13년 내지는 25년의 움트는 시간이 필요했을 것이다. 어쩌면 딱딱한 지표를 깨부수고 나올 때까지 몇 년이 더 필요할지도 모른다. 우리는 그러나 순교자들이 우리에게 남긴 과제를 우리 시대에 완성하기 위해서 우리는 모든 노력을 아끼지 말아야 한다. 이를 위한 강한 의지를 가져야 한다.

서독에서는 우리 시대의 순교자들을 기억하기 위한 순례가 시작되고 있다. 이들 순교자들은 무덤에 안장되지 못했기 때문에 니더라인 지방과 이웃 나라인 홀란드, 벨기에, 룩셈부르크의 가톨릭 신자들과 '그리스도의 평화'(Pax Christi, 한 프랑스 주교가 독일의 강제수용소에서 창립하였다.) 국제 총회 참가자들은 쌍텐(Xanten)의 주교좌 성당을 순례한다. 그곳에는 그리스도를 신앙으로 고백했기 때문에 로마의 황제를 신이라고 표방하는 전체주의에 의해 희생된 순교자 성 빅토의 훼손되지 않은 무덤이 안치되어 있다. 이 성인과 '우리 순교자들' 하나하나를 연관시키는 일은 수백 년이란 시간차에도 불구하고 어려운 일이 아니다. 우리의 순교자들의 모습은 수많은 강연과 그들의 '활약상'에 관한 글들을 통해서 계속 서술되고 있으니 말이다.

고통스런 심문들, 신을 모독하는 법정 발언들, 그리고 잔인한 처형들의 대부분이 자행되었던 베를린에는 이 '고장의 정신'(genius loci)이 살아 있다.

베를린 시는 처형 장소인 플뢰첸제 가까이에 1934년에서 1945년까지 희생당한 순교자들을 기억하기 위한 교회를 세우고 있다. 이 교회는 순교자의 여왕 마리아께 봉헌될 것이다. 전 독일 가톨릭 신자들은 이 교회의 건축을 돕고 있는데, 이 건물의 중심은 희생제단이 될 것이다. 이로써 현재와 미래를 위한 살아 있는, 항상 지속되는 추념의 장소가 생기게 되는 것이다.

순교자들의 광휘는 사그라지지 않는다. 선한 의지를 가진 사람들은 기도하면서 조금이나마 '십자가의 어리석음'을 파악하게 될 것이고, 순교자들에게서 물려받은 과제를 완성하려고 노력할 것이다. 우리 시대의 순교자들이 흘린 피에서 '전체 그리스도인의 씨앗'이 나오도록 하느님은 우리를 축복하실 것이다.

사진 색인

"사슬에 묶인 손"(리이멘쉬나이더 작품의 부분 촬영) ·················· 1

휴가 중인 알프레드 델프 신부 ·················· 37

산 정상 십자가 아래의 알프레드 델프 신부(체포 전의 마지막 촬영) ·········· 38

뮌헨 보겐하우젠에 있는 성 게오르그 성당 ·················· 49

감옥에서 검열을 통과한 델프 신부의 유일한 편지 ·················· 50

민족재판소 법정에 선 알프레드 델프 신부, 그의 오른쪽은 몰트케 백작
(베를린 모자이크 출판사의 친절한 허락으로 게재함) ·················· 123

감옥에 있는 처형 장소(베를린의 플뢰첸제) ·················· 159

1953년 7월 20일에 교수대 아래에서 집전된 미사(사진: 바그너) ·············· 159

보겐하우젠의 성 게오르그 성당의 추모판(기획: 한스-야콥 릴) ·············· 160

알프레드 델프

1판 1쇄 찍음 2011년 4월 15일
1판 1쇄 펴냄 2011년 4월 21일

지 은 이 : 알프레드 델프 외
옮 긴 이 : 김 용 해
펴 낸 이 : 최 두 환
펴 낸 곳 : 도서출판 **시와 진실**
출판등록 : 1997. 6. 11 제 2-2389호
주   소 : 서울시 동작구 상도 1동 557
          TEL : 02) 813-8371
          FAX : 02) 813-8377
E-mail : ambros@hanafos.com

정가 : 10,000원
ISBN : 978-89-90890-33-7   03230